Geflüchtete Menschen psychosozial
unterstützen und begleiten

Herausgegeben von

Maximiliane Brandmaier
Barbara Bräutigam
Silke Birgitta Gahleitner
Dorothea Zimmermann

Gastherausgeberin:
Annett Kupfer

Barbara Abdallah-Steinkopff

Interkulturelle Erziehungskompetenzen stärken

Ein kultursensibles Elterncoaching für geflüchtete und zugewanderte Familien

Mit 8 Abbildungen und 3 Tabellen

Vandenhoeck & Ruprecht

Bibliografische Information der Deutschen Nationalbibliothek:
Die Deutsche Nationalbibliothek verzeichnet diese Publikation in der
Deutschen Nationalbibliografie; detaillierte bibliografische Daten sind
im Internet über http://dnb.de abrufbar.

© 2018, Vandenhoeck & Ruprecht GmbH & Co. KG,
Theaterstraße 13, D-37073 Göttingen
Alle Rechte vorbehalten. Das Werk und seine Teile sind urheberrechtlich
geschützt. Jede Verwertung in anderen als den gesetzlich zugelassenen Fällen
bedarf der vorherigen schriftlichen Einwilligung des Verlages.

Umschlagabbildung: Nadine Scherer

Satz und Layout: SchwabScantechnik, Göttingen
Druck und Bindung: ⊕ Hubert & Co. BuchPartner, Göttingen
Printed in the EU

Vandenhoeck & Ruprecht Verlage | www.vandenhoeck-ruprecht-verlage.com

ISSN 2625-6436
ISBN 978-3-525-40628-1

Inhalt

Geleitwort der Reihenherausgeberinnen 9

1 Gesellschaftliche Relevanz eines muttersprachlichen Elterntrainings 13

2 Entstehung des muttersprachlichen Elterntrainings *Eltern Aktiv* 15

3 Geflüchtete Menschen – eine heterogene Gruppe 17

4 Lebensbedingungen der Flüchtlingskinder 19
   4.1 Kindheit im Wartezustand 19
   4.2 Situation der Vorschul- und Schulkinder ... 21
   4.3 Diskriminierungsrisiken für Flüchtlinge in Deutschland 22
   4.4 Institutionelle Diskriminierung an Schulen 22
   4.5 PTBS- und Depressionsrate bei Flüchtlingen 23
   4.6 Zusammenspiel von vergangenen und gegenwärtigen belastenden Erfahrungen ... 26

5 Gründe für das muttersprachliche Elterntraining 30

6 Sozialisation in unterschiedlichen Lebenskontexten 32
   6.1 Unterschiedliche Selbstkonzepte 32
   6.2 Unterschiedliche Erziehungsvorstellungen 34

6.3 Kulturelle Unterschiede in
der Eltern-Kind-Beziehung 36

7 **Postmigrationsstressoren** 41
7.1 Migrationskonzepte 41
7.2 Forderung nach »Kulturwegweisern« 45
7.3 Auswirkungen von Migration auf
die Familiendynamik 47
7.3.1 Wechsel von Großfamilie
zu Kernfamilie 47
7.3.2 Belastungen für die Partnerschaft 48
7.3.3 Spagat zwischen unterschiedlichen
Erziehungsstilen 52
7.3.4 Bedürfnis nach Zugehörigkeit
in der kindlichen Entwicklung 54
7.3.5 Gefahr einer unangemessenen
Pathologisierung 55

8 **Konzeptuelle Überlegungen bei
der Entwicklung des Trainingsmanuals** 59

9 **Das 5-Module-Modell des Elterntrainings
*Eltern Aktiv Refugio München*** 63
9.1 Erfahrungen aus dem Beratungsalltag und
Erwartungen an die Flüchtlingseltern 63
9.2 Welches Wissen brauchen
Flüchtlingseltern? 65
9.3 Unterschiedliche Migrationsdauer 68
9.4 Einsatz von muttersprachlichen
Trainerinnen und Trainern 72
9.5 Gesellschaftspolitische Leitgedanken
für *Eltern Aktiv* 73
9.6 Inhaltlicher Aufbau – spezielle flüchtlingsrelevante Themen und Beziehungsgestaltung 76
9.7 Zur Einführung in das Elterntraining 79

9.8 Entwicklung eines persönlichen
    interkulturellen Wegweisers 81
9.9 Ziele in der Erziehung 82
9.10 Anregungen für zu Hause 84
9.11 Statements über Kindererziehung
    und Familienleben 86

10 Methoden des Elterntrainings 89

11 Schwierigkeiten bei der Durchführung des Elterntrainings 91
11.1 Schonverhalten und Versorgung
    der Flüchtlingseltern 91
11.2 Genderspezifische Aspekte in
    der Erziehung – Einfluss von
    Verwandtschaft und Exilgemeinde 92
11.3 Kommunikationsstile 95
11.4 Stereotype und Vorurteile 99
11.5 Fehlende Wahrnehmung von Ressourcen ... 101
11.6 Überweisungsgründe an *Eltern Aktiv* 102

12 Good Practice 104
12.1 Hilfreiche kultursensible Haltung –
    Nichtwissen erfordert Exploration 104
12.2 Verständnis schaffen 107
12.3 Methoden, um »innere Bilder
    zurechtzurücken« 108
12.4 Kultursensible Verhaltensbeobachtung 109
12.5 Migration bedeutet Veränderung –
    Wie viel Veränderung ist zumutbar? 111
12.6 Hilfreiche Methode in
    der kultursensiblen Kommunikation:
    das Interkulturelle Pendeln 115
12.7 Methoden zur Veranschaulichung von
    Veränderungen nach Migration 120

**13 Umgang mit Konflikten und Gewalt
in der Erziehung** 123

14 Die beschriebenen Methoden und Vorgehensweisen im Überblick am Beispiel »Spielen« 127

15 Ergänzende Methoden im Elterntraining 131

16 Geschichten zur Veranschaulichung 132
    16.1 Geschichte zur Veranschaulichung
des Dilemmas, es immer allen recht
zu machen 132
    16.2 Geschichte über Assimilation –
Die weiße Dohle 133
    16.3 Geschichte über Assimilation –
Die Dohle und die Taube 134

17 Fazit 135

18 Literatur 138

Geleitwort der Reihenherausgeberinnen

Barbara Abdallah-Steinkopff widmet sich in diesem Band dem seit 2005 von Refugio München durchgeführten muttersprachlichen Elterntraining *Eltern Aktiv*, das Eltern mit Fluchtgeschichte und Migrationserfahrung bei der Stärkung ihrer Erziehungskompetenz hilft und dabei besondere Rücksicht auf trauma- und migrationsspezifische Erziehungsprobleme nimmt. Als langjährige Psychotherapeutin hat sie auf der Grundlage wahrgenommener Bedarfslagen eben jenes Training, in das sie einführt, selbst mitentwickelt und erarbeitet.

Um uns Leser*innen darin einen Einblick zu geben und die für Beratung, Begleitung und Behandlung geflüchteter Familien hilfreichen Überlegungen und Ansätze auf ein sicheres Fundament zu stellen, führt die Autorin zunächst kultursensibel und mit Blick auf die Diversität der Zielgruppe an die Lebenswelt von Flüchtlingsfamilien und speziell „Flüchtlingskindern" heran, unter besonderer Berücksichtigung der sozialen und rechtlichen Lebensbedingungen. Dabei verweist sie anhand von Studienergebnissen (u. a. zu Kindheit im Wartezustand, struktureller Benachteiligung, Traumatisierung, Diskriminierung) auf die Relevanz eines stabilen, unterstützenden Umfeldes – für das sich das Elterntraining einsetzt. Jene durch die Autorin nachvollziehbar und anschaulich dargestellten Einflussfaktoren vergangener wie gegenwärtiger Belastungssituationen auf die Eltern-Kind-Beziehung, Situationen der Parentifizierung und damit weiterer Überlastung der Kinder sowie Gefühle der Überforderung der Eltern waren für Refugio München Anlass, bisherige

Angebote um ein muttersprachliches, die Eltern stärkendes Training zu erweitern.

Um ressourcenorientiert gemeinsam an Erziehungskompetenzen arbeiten zu können, braucht es für die professionellen Helfer*innen, so die Autorin, zum einen Wissen über Selbstkonzepte und hier vorrangig Wissen über Wertvorstellungen, Kindheitsbilder, Erziehungsziele und Eltern-Kind-Beziehungen. Neben jenen spezifisch auf Erziehung besprochenen Faktoren stellt Barbara Abdallah-Steinkopff zum anderen Konzepte von Migration- und Akkulturationsprozessen und Kenntnisse von in der Migration – für Familie und ihre Dynamiken – liegende Stressfaktoren als relevant dar. Dass bei diesen Ausführungen immer die Gefahr einer ungewollten Vereindeutigung, Homogenisierung und Stereotypisierung droht, ist sich die Autorin bewusst, und wagt den Drahtseilakt, einerseits für die Beratung wichtige Wissensbestände zu vermitteln und andererseits das Wissen um Nichtwissen offenzuhalten. Genau darüber sensibilisiert sie Professionelle, hilft beim empathischen Einfühlen und beim Verstehen anderer Lebenswelten, als Grundlage für eine gelingende Hilfebeziehung und unterstützende Veränderungsprozesse.

Welche Funktion das am Empowerment orientierte Elterntraining schließlich im gesetzten Kontext einnimmt, wie Barbara Abdallah-Steinkopff diesen einbezieht und auf welchen Wegen, über welche Themen, Methoden und Module die formulierten Ziele – wie das Anreichern von Wissensbeständen, das Reflektieren gewohnter sowie das Lernen neuer Verhaltensweisen und das Einüben im Erziehungsalltag – verfolgt werden, verraten die folgenden Seiten. Dabei berichtet die Autorin einfühlsam und anschaulich auch von Grenzen des Trainings, möglichen (und erlebten) Schwierigkeiten und dem Umgang mit Konflikten wie von hilfreichen Haltungen, Beobachtungen und Kommunikationsformen. Dass all das in Summe kein Quasi-Manual bietet, sondern je angepasst an die individuelle Lebenssituation der Familien Einsatz findet, ist selbstverständlich.

Wir wünschen Ihnen eine anregende Lektüre, die sicher auch neue Ideen für die eigene (präventive) Arbeit mit geflüchteten und migrierten Eltern bietet.

Annett Kupfer (Gastherausgeberin)
Silke Birgitta Gahleitner
Dorothea Zimmermann
Maximiliane Brandmaier
Barbara Bräutigam

1 Gesellschaftliche Relevanz eines muttersprachlichen Elterntrainings

Zahlen von 2017 belegen, dass die Mehrheit der Asylantragstellerinnen und Antragsteller in Deutschland jünger als 30 Jahre ist. Dabei bilden Kinder und Jugendliche unter 15 Jahren mit 39 % die größte Gruppe, gefolgt von 19 % jungen Erwachsenen im Alter zwischen 18 und 24 Jahren. Die geschlechtsspezifische Verteilung ist bei den Kindern mit 55 % Jungen und 45 % Mädchen relativ ausgewogen, im Gegensatz zu der zweitgrößten Gruppe der jungen Erwachsenen, die zu 74 % aus Männern und zu 26 % aus Frauen besteht. Mit 61 % zu 39 % haben mehr Männer als Frauen einen Asylantrag gestellt. In den Jahren 2016 und 2017 kamen die meisten Antragstellerinnen und Antragsteller aus Syrien, gefolgt von Afghanistan und Irak (Bundeszentrale für politische Bildung, 2018).

Die große Zahl der Flüchtlingskinder bedeutet für Erziehungsinstitutionen, wie Kitas, Schulen, Freizeiteinrichtungen und Erziehungsberatungsstellen, dass sie sich gegenwärtig und zukünftig auf die Inklusion dieser Kinder einstellen müssen. Ein Einblick in die multiplen Belastungen für Flüchtlingsfamilien nach ihrer Ankunft in Deutschland, damit verbundene Risiken, aber auch Ressourcen im Inklusionsprozess sowie zur Stärkung der Familien entwickelte Konzepte kann dabei hilfreich sein.

Dieses Buch richtet sich daher an alle Berufsgruppen und ehrenamtlich Tätigen, die Flüchtlingsfamilien nach ihrer Ankunft in Deutschland dabei unterstützen möchten, sich in einem für sie fremden Land zurechtzufinden. Langjährige Erfahrungen des psychosozialen Behandlungszentrums Refugio München mit geflüchteten Menschen sowie

Überlegungen, Anregungen und Methoden, die seit 2005 im muttersprachlichen Elterntraining *Eltern Aktiv Refugio München* (Kurzform: *Eltern Aktiv*) erarbeitet und entwickelt wurden, können für die allgemeine Beratung und Unterstützung von Flüchtlingsfamilien mit besonderem Fokus auf die Erziehung ihrer Kinder nutzbar gemacht werden. Ausgehend von einem allgemeinen Verständnis für die Lebensbedingungen der Flüchtlingsfamilien und insbesondere der Flüchtlingskinder werden konzeptuelle Überlegungen am Beispiel des muttersprachlichen Elterntrainings für den Betreuungs- und Beratungsalltag vorgestellt.

Zum besseren Verständnis darüber, in welcher Lebenswelt sich Flüchtlingsfamilien zurechtfinden und welche spezifischen Belastungen und Herausforderungen sie meistern müssen, wird in der ersten Hälfte des Buches ein Überblick über entsprechende Fakten und relevante Forschungsbefunde der kulturvergleichenden Entwicklungspsychologie gegeben. Die zweite Hälfte des Buches widmet sich dem muttersprachlichen Elterntraining *Eltern Aktiv,* um dann im letzten Schritt bewährte Einstellungen, Vorgehensweisen, Methoden und relevante Themen aus dem Training *Eltern Aktiv* für eine allgemeine Elternberatung nutzbar zu machen. Es kann aus Kapazitätsgründen nicht auf inhaltliche Aspekte der Module des Elterntrainings eingegangen werden, die eine in Deutschland gängige Praxis in der Elternberatung darstellen und auf dem Trainingsmanual von Graf (2005) basieren. Der Fokus dieses Buches liegt ausschließlich auf der Vermittlung von kultursensiblen Überlegungen und Ansätzen, die als Grundlage für die allgemeine Beratung und Behandlung von Flüchtlingsfamilien dienen sollen. Das gesamte Manual des Elterntrainings ist noch nicht veröffentlicht worden. Der Ratgeber für Eltern wird begleitend zum Elterntraining an die teilnehmenden Eltern weitergegeben.

2 Entstehung des muttersprachlichen Elterntrainings *Eltern Aktiv*

Wie kam es zu dem muttersprachlichen Elterntraining *Eltern Aktiv* bei Refugio München? Kosovarische Klientinnen und Klienten, die wegen ihrer Symptomatik nach traumatischen Erfahrungen an einem psychotherapeutischen Stabilisierungsprogramm bei Refugio teilnahmen, wünschten sich ein zusätzliches Angebot für Eltern. Sie glaubten, sie seien keine guten Mütter und Väter, da sie aufgrund ihrer psychischen Belastungen keine Geduld mit ihren Kindern und keine Kenntnisse über das Leben in Deutschland hätten. Anni Kammerlander, ehemalige Geschäftsführerin von Refugio München, ich, Barbara Abdallah-Steinkopff, Psychotherapeutin, und Shqipe Krasniqi, ehemalige Sprachmittlerin, griffen diese Anregung auf. Nach langen konzeptuellen Überlegungen und der Suche nach möglichen Finanzierungen entstand bei Refugio München das muttersprachliche Elterntraining *Eltern Aktiv*. Entwickelt wurde das Konzept in Teamarbeit. Nach einem mehrtägigen Seminar von Johanna Graf zur Einführung ihres Elterntrainings »Familienteam – das Miteinander stärken« (2005) erfolgte die Modifikation dieses Manuals für flüchtlingsspezifische Belange. Ziel des neuen Elterntrainings war die Stärkung der Erziehungskompetenz von Eltern mit Flucht- und Migrationshintergrund unter Berücksichtigung von trauma- und migrationsspezifischen Erziehungsproblemen. Gemeinsam mit Farida Akhtar, Melisa Budimlic, Gisela Framheim, Shqipe Krasniqi, Renate Laub, Frederic Lwano (alphabetisch geordnet) und mir, Barbara Abdallah-Steinkopff, wurde ein flüchtlingsspezifisches Trainingsmanual entwickelt. Besondere Unterstützung erhielt *Eltern Aktiv* von Anni Kammerlander, der ehemaligen Geschäftsführerin von Refugio München, die die Finanzierung mit verschiedenen Institutionen über Jahre organisierte und sicherte. Das Projekt wurde von 2005 bis 2008 von Aktion Mensch, von 2008 bis 2011 von Aktion Mensch für Individuelle Elternseminare und von 2008 bis 2011 von Childhood für Gruppenseminare finanziert. Ab November 2011 übernahm das Stadtjugendamt der Landeshauptstadt München die Finanzierung des Elterntrainings.

Das Referat für Gesundheit und Umwelt (RGU), insbesondere durch die ehemalige Mitarbeiterin des Fachbereichs Migration und Gesundheit, Maria Gavranidou, und ihrer Nachfolgerin, Vreni Steinack, unterstützte und unterstützt Refugio München als Kooperationspartner bei der Organisation von Veranstaltungen und Tagungen. Die frühe und langjährige Unterstützung des RGUs trug zur Bekanntmachung in der Münchner Fachöffentlichkeit bei.

In Kooperation mit Prof. Joscha Kärtner, Leiter der Arbeitseinheit Entwicklungspsychologie am Institut für Psychologie in Münster, wird zurzeit im Rahmen einer Masterarbeit ein Fragebogen entwickelt, der zur Evaluation des muttersprachlichen Elterntrainings eingesetzt werden soll.

Das muttersprachliche Angebot des Elterntrainings *Eltern Aktiv* umfasst 26 Sprachen (alphabetisch geordnet): Albanisch, Amharisch, Arabisch, Bosnisch/Serbisch/Kroatisch, Bulgarisch, Dari/Farsi, Deutsch, Englisch, Ewe (Mina), Französisch, Italienisch, Kikongo, Kotokoli (Lossa), Kurdische Sprachen (Kurmanci, Sorani), Paschtu, Portugiesisch, Russisch, Türkisch, Somali, Swahili, Vietnamesisch.

3 Geflüchtete Menschen – eine heterogene Gruppe

In diesem Buch werden die Begriffe »Flüchtlinge«, »Schutzsuchende« und »Geflüchtete« synonym verwendet, obwohl der Begriff »Flüchtling« immer wieder diskutiert und hinterfragt wurde. Refugio hat sich diesbezüglich der Argumentation von Pro Asyl angeschlossen:
»Wer ›Flüchtling‹ sagt, transportiert auch den historischen und rechtlichen Bedeutungshorizont. ›Geflüchtete‹ zu sagen, ist hipper, der Begriff in Wortsinn und Wortstruktur wohl unproblematisch (und lässt sich im Gegensatz zu Flüchtling gendern), aber auch noch ohne historische Bedeutung. Schon allein wegen des Hinweises auf die verbürgten Rechte der ›Flüchtlinge‹ kann er – zumindest vorerst – nicht aufgegeben werden« (Pro Asyl, 2016).

Das »Abkommen über die Rechtsstellung der Flüchtlinge« vom 28. Juli 1951, genannt »Genfer Flüchtlingskonvention« (GFK), ist ein völkerrechtliches Abkommen. Es definiert, wer als Flüchtling anzusehen ist und welche Rechte Flüchtlinge genießen. Es ist die wichtigste Grundlage des internationalen Flüchtlingsrechts. In der Genfer Flüchtlingskonvention ist der Begriff »Flüchtling« definiert als Person, die sich »aus der begründeten Furcht vor Verfolgung wegen ihrer Rasse, Religion, Nationalität, Zugehörigkeit zu einer bestimmten sozialen Gruppe oder wegen ihrer politischen Überzeugung […] den Schutz dieses Landes nicht in Anspruch nehmen kann oder wegen dieser Furcht vor Verfolgung nicht dorthin zurückkehren kann« (Art. 1 (A) Abs. 2 GFK).

Die drei oben genannten Begriffe – Flüchtlinge, Schutzsuchende, Geflüchtete – bezeichnen eine Gruppe, die sich durch ihre Heterogenität auszeichnet. Die Menschen in dieser Gruppe unterscheiden sich durch Bildungsgrad, Religionszugehörigkeit, Gesundheit und Familienstand. Sie kommen aus der Stadt- oder Landbevölkerung. Sie bringen unterschiedliche Wertvorstellungen, Menschen- und Weltbilder mit. Ihre Biografien und Sozialisationen unterscheiden sich und somit auch ihre Ressourcen und Kompetenzen. Zudem können verschiedenste Merkmale, wie beispielsweise Hautfarbe, religiöse Zugehörigkeit oder sexuelle Identität zu Diskriminierungserfahrungen im Herkunfts- und Aufnahmeland führen. Im Aufnahmeland wird die Teilhabe an gesellschaftlichen Ressourcen oft strukturell verwehrt. So macht beispielsweise in Deutschland ein unsicherer Aufenthaltsstatus eine Teilhabe am gesellschaftlichen Leben nahezu unmöglich. Die Anregungen und die Unterstützung, die diese Menschen benötigen, sind entsprechend vielfältig.

Die Heterogenität dieser Gruppe bedingt, dass Beratungs- und Therapieangebote manchmal stark modifiziert werden müssen. Der Fokus dieses Buches liegt auf der Beschreibung der Diversität von Flüchtlingsfamilien, damit Fachkräfte im beruflichen Kontext sie besser begleiten können. Anzumerken ist, dass wir diejenigen, die gut alleine zurechtkommen, selten im Beratungskontext sehen und daher die Vielfalt an Ressourcen, die Flüchtlingsfamilien zur Verfügung haben, nur unzureichend kennenlernen.

4 Lebensbedingungen der Flüchtlingskinder

Die Analyse der speziellen Lebensbedingungen von Kindern auf der Flucht ist eine wichtige Voraussetzung für eine effektive Beratung der Flüchtlingseltern. Orientiert an den spezifischen sozialen und rechtlichen Lebensbedingungen lassen sich sinnvolle Überlegungen und Maßnahmen ableiten, die für den Erziehungsalltag von Bedeutung sind.

4.1 Kindheit im Wartezustand

In den vergangenen zwei Jahren kamen etwa 350.000 Kinder und Jugendliche in Begleitung ihrer Eltern nach Deutschland, um hier Schutz vor Krieg und Gewalt oder eine bessere Zukunft zu suchen. Die Studie »Kindheit im Wartezustand«, erstellt durch den Bundesfachverband für Unbegleitete minderjährige Flüchtlinge e. V. (BumF) im Auftrag von UNICEF Deutschland (Lewek u. Naber, 2017), beleuchtet umfassend die Lebensumstände dieser Mädchen und Jungen in Flüchtlingsunterkünften. Die Studienergebnisse zeigen, dass die Bedürfnisse und Rechte dieser Kinder dort trotz der großen Anstrengungen der Zuständigen auf allen Ebenen und stark rückläufiger Zuzugszahlen vielerorts noch nicht im vollen Umfang beachtet werden.

Die Autorinnen der Studie führten 2016 bundesweit eine quantitative, anonyme Online-Umfrage unter haupt- und ehrenamtlichen Mitarbeiterinnen und Mitarbeitern von Flüchtlingseinrichtungen durch. Die Auswertung der Umfrage sowie ergänzender Interviews mit geflüchteten Familien ergab zwei zentrale Befunde:

- *Lange Wartezeiten:* Geflüchtete Kinder verbringen oftmals sehr lange und für ihre Entwicklung äußerst wertvolle Zeit in einem Wartezustand. Sie warten auf eine Entscheidung über die Asylanträge ihrer Familie, auf den Arztbesuch, Zugang zu Schulen und Kitas und insbesondere auf eine dauerhafte, geeignete Bleibe. Währenddessen leben sie über viele Monate oder sogar Jahre in Flüchtlingsunterkünften, die in vielen Fällen nicht sicher und nicht kindgerecht sind. Das Zusammenleben mit vielen fremden Menschen auf engem Raum, mangelnde Privatsphäre und fehlende Rückzugsorte, zum Teil problematische hygienische Bedingungen und fehlende Schutzkonzepte haben Auswirkungen auf die Sicherheit und das Wohlergehen der Kinder. Gerade für jene, die oft schon eine lange Fluchterfahrung hinter sich haben, ist ein stabiles, schützendes und förderndes Umfeld jedoch besonders wichtig.
- *Ungleiche Versorgung und Förderung:* Geflüchtete Kinder haben die gleichen Rechte auf Schutz und Förderung wie alle Kinder. Die Studie macht jedoch deutlich, dass geflüchtete Kinder und Jugendliche gegenüber Gleichaltrigen in Deutschland benachteiligt werden, z. B. bei der Gesundheitsversorgung und beim Zugang zu Bildung. Auch innerhalb der Gruppe der Flüchtlingskinder gibt es je nach Bundesland und zunehmend je nach Herkunftsland und zugeschriebener Bleibeperspektive große Unterschiede: Während einige der geflüchteten Kinder und Jugendlichen schnell eine Schule besuchen, problemlos zum Arzt gehen können und nur kurz in Flüchtlingsunterkünften verweilen müssen, gilt dies bei Weitem nicht für alle. Schutz, Förderung und Versorgung hängen vom Zufall des Aufenthaltes oder der Herkunft ab (Lewek u. Naber, 2017).

4.2 Situation der Vorschul- und Schulkinder

In einer repräsentativen Befragung vom Institut für Arbeitsmarkt- und Berufsforschung (IAB), dem Bundesamt für Migration und Flüchtlinge (BAMF) und den Sozio-oekonomischen Panels (SOEP) unter Geflüchteten (DIW, 2017) ist belegt, dass in Deutschland acht von zehn Flüchtlingskindern, die älter als drei Jahre sind, eine Kita besuchen. Die Betreuungsquote liegt damit nicht viel niedriger als die bei allen Kindern dieser Altersgruppe, in der rund 95 % einen Kitaplatz haben, wie aus einer Erhebung des Deutschen Instituts für Wirtschaftsforschung (DIW) in Berlin hervorgeht. Deutliche Unterschiede zeigen sich dagegen bei den unter Dreijährigen: Hier liegt mit 15 % die Kita-Nutzungsquote bei Flüchtlingskindern nur etwa halb so hoch wie bei allen Kindern (mehr als 28 %). Die Wahrscheinlichkeit, dass in Deutschland ein Kind eine Kita besucht steigt proportional mit dem Kindsalter an. Für Kinder zwischen drei und sechs Jahren gilt: Je länger sie bereits in Deutschland und speziell in Westdeutschland leben und je eher sie in einer privaten Wohnung statt einer Gemeinschaftsunterkunft leben, desto häufiger besuchen sie eine Kita.

Das Forscherteam des Deutsches Institut für Wirtschaftsforschung Berlin (DIW) untersuchte zudem den Schulbesuch von Kindern Geflüchteter. Angesichts der allgemeinen Schulpflicht hierzulande wenig überraschend, gehen mehr als 94 % in eine Grund- oder Sekundarschule. Die Tatsache, dass rund 5 % der Kinder nicht zur Schule gehen, bedarf weiterer Klärung. Hinzu kommt: Mehr als die Hälfte der geflüchteten Kinder, die zur Schule gehen, erhalten keine gezielte Sprachförderung (DIW, 2017).

4.3 Diskriminierungsrisiken für Flüchtlinge in Deutschland

In der Bestandsaufnahme der Antidiskriminierungsstelle des Bundes von September 2016 wird deutlich, dass Flüchtlingsfamilien in Deutschland ganz unterschiedlichen Formen von Diskriminierung ausgesetzt sind. Aufseiten der interviewten Geflüchteten wird überwiegend von verbalen und nonverbalen Diskriminierungen berichtet: Beleidigungen, Abwertungen oder Anschreien sowie abwertende Blicke, Ignorieren, das Aufbauen räumlicher Distanz und Nicht-ernst-genommen-Werden sind hier die am meisten genannten Erfahrungen. Von den ebenfalls befragten Anlauf- und Beratungsstellen werden mehrheitlich Situationen genannt, in denen Flüchtlinge und Asylsuchende im Arbeitsleben oder beim Zugang zu Gütern und Dienstleistungen strukturell diskriminiert werden. An zweiter und dritter Stelle stehen das Verwehren von Leistungen oder Verträgen und Beleidigungen oder Beschimpfungen. Alarmierend ist das Ergebnis, dass ein Viertel der befragten Stellen sogar von gewalttätigen Übergriffen berichten (Antidiskriminierungsstelle des Bundes, 2016).

4.4 Institutionelle Diskriminierung an Schulen

Neben den genannten allgemeinen Diskriminierungsrisiken für Geflüchtete sind deren Kinder zusätzlich von Rassismus und Diskriminierung an Schulen betroffen. Aussehen und Namensgebung spielen bei Diskriminierungserfahrungen in Deutschland immer noch eine Rolle. Kinder mit fremden Namen werden bei der Einschulung z. B. manchmal ungefragt in zusätzliche Deutschkurse eingeteilt, auch wenn sowohl Eltern als auch Kinder fehlerfreies Deutsch sprechen. Bezogen auf das Aussehen wird

Deutschsein immer noch mit bestimmten optischen Merkmalen gleichgesetzt. Bei gleichem Notendurchschnitt werden zugewanderte Kinder, speziell mit arabischen und türkischen Namen, seltener für das Gymnasium empfohlen – auch das ist eine Form der Diskriminierung.

Erfahrungen im Elterntraining zeigen, dass negative Einstellungen der Lehrerinnen und Lehrer gegenüber Kindern mit Migrationshintergrund den Lernerfolg der Kinder behindern können. Unter Umständen nimmt eine Lehrkraft das Verhalten von Kindern mit Migrationshintergrund – insbesondere bei Jungen aus muslimischen Ländern – vor allem als Ausdruck einer fremden Kultur wahr und lehnt es ab.

Um Lehrkräfte für dieses Thema zu sensibilisieren, hat das Pädagogische Institut der Landeshauptstadt München einen Antidiskriminierungsleitfaden für Lehrkräfte entwickelt. Denn Studien belegen, dass Lehrkräfte Kindern schlechtere Schulleistungen prognostizieren, sobald sie bei ihnen einen Migrationshintergrund vermuten. Dies zeigte unter anderem eine Studie von Forghani-Arani und Kolleginnen (2014), die den Zusammenhang zwischen versteckten Einstellungen der Lehrkräfte und Kindern mit Migrationshintergrund an mehreren österreichischen Mittelschulen untersuchte.

4.5 PTBS- und Depressionsrate bei Flüchtlingen

Der Alltag vieler Flüchtlingskinder ist häufig auch von den psychischen Folgen traumatischer Erfahrungen geprägt. Die Sensibilisierung für die Symptomatik einer Posttraumatischen Belastungsstörung und Depression ist daher notwendig, um Verhaltensweisen von Flüchtlingskindern besser einschätzen zu können und Fehlinterpretationen vorzubeugen.

Aggressives Verhalten bei Flüchtlingskindern wird immer wieder von Lehrkräften und Erzieherinnen bzw. Erziehern beobachtet. Manchmal ist dieses Verhalten auf mangelnde Deutschkenntnisse beim Klären eines Konfliktes oder fehlende Skills im Umgang mit Konflikten zurückzuführen, manchmal tritt als Folge eines Flashbacks (sich aufdrängenden Wiedererlebens von traumatischen Erfahrungen) Angst und aggressives Verhalten auf.

Im Vergleich zur Allgemeinbevölkerung finden sich sowohl bei den geflüchteten Kindern als auch bei ihren Eltern erhöhte PTBS- und Depressions-Prävalenzen. Das traumatische Ereignis, das zahlreiche in Deutschland lebende Flüchtlingskinder und -jugendliche durchlitten haben, besteht zum Teil darin, Zeugin bzw. Zeuge von körperlichen Angriffen auf andere geworden zu sein (41 %). 26 % der Flüchtlingskinder mussten miterleben, wie Gewalt auf Mitglieder ihrer Familie ausgeübt wurde, vor allem durch militante Gruppierungen. Weitere häufig genannte traumatische Ereignisse sind einen Unfall (39 %) oder einen Krieg miterlebt zu haben (38 %).

Laut Dilling, Mombour und Schmidt (2013) meiden unter einer PTBS leidende Menschen Situationen, die Erinnerungen an das traumatische Erlebnis wachrufen könnten. So weichen mehr als 70 % der erwachsenen Flüchtlinge und rund die Hälfte der Flüchtlingskinder und -jugendlichen Gefühlen, Gedanken und Gesprächen aus, die sie an ihr Trauma erinnern könnten. Allerdings zeigt die klinische Praxis auch, dass es Betroffene gibt, die durchaus bereit sind, über traumatische Erfahrungen zu sprechen. Typisch sind auch eine starke Schreckhaftigkeit, Schlaf- und Konzentrationsstörungen, emotionale Taubheit und Gleichgültigkeit gegenüber anderen Menschen. Schlafstörungen kommen bei fast zwei Dritteln der Erwachsenen und bei rund einem Drittel der Flüchtlingskinder vor. Angst und Depressionen sind häufig mit den genannten Symptomen assoziiert und Suizidgedanken sind nicht selten (Dilling et al., 2013). Viele der geflüchteten Kinder spielen außerdem wiederholt das traumatische Erlebnis durch und zeigen Entwicklungs- und Verhaltensauffälligkeiten wie z. B. aggressives Verhalten (Flatten et al., 2011).

Die Mehrzahl der Studien aus verschiedenen Ländern zeigt, dass weltweit mindestens 20 % der Flüchtlinge unter Depressionen und mehr als 20 % unter einer PTBS leiden (Lindert, Brähler, Wittig, Mielck u. Priebe, 2008). In Deutschland durchgeführte Studien geben sogar an, dass etwa 40 bis 50 % der erwachsenen Flüchtlinge unter einer PTBS und rund die Hälfte unter einer Depression leiden (Gäbel, Ruf, Schauer, Odenwald u. Neuner, 2006; Lersner, Rieder u. Elbert, 2008), wobei die Erkrankungen häufig gemeinsam auftreten (Perkonigg, Kessler, Storz u. Wittchen, 2000; Flatten et al., 2011).

In Deutschland leiden 2,3 % der Allgemeinbevölkerung unter einer PTBS und 7,9 % unter einer Depression (12-Monats-Prävalenz) (Genz u. Jacobi, 2014). Damit ist die PTBS bei erwachsenen Flüchtlingen mindestens 8,7 Mal und Depression mindestens 2,5 Mal häufiger als in der deutschen Bevölkerung. Legt man Ergebnisse aus Studien mit Flüchtlingen in Deutschland zugrunde, ist die PTBS sogar rund 20 Mal und Depression rund 6 Mal so häufig.

Studien, die in Deutschland mit Kindern von Flüchtlingen durchgeführt wurden, zeigen, dass fast die Hälfte dieser Flüchtlingskinder psychisch belastet ist (Gavranidou, Niemiec, Magg, u. Rosne, 2008). Rund 40 % sind durch das Erlebte in wichtigen Lebensbereichen eingeschränkt, wie z. B. im schulischen Lernen und in zwischenmenschlichen Beziehungen. Jedes fünfte Kind erfüllt das Vollbild einer PTBS (19 %). Das ist 15 Mal häufiger als bei in Deutschland geborenen Kindern (Ruf, Schauer, Neuner, Catani, Schauer u. Elbert, 2010). In Deutschland sind 1,2 %

der Kinder und Jugendlichen von einer PTBS betroffen (Essau u. Petermann, 1999; Bundespsychotherapeutenkammer, 2015).

4.6 Zusammenspiel von vergangenen und gegenwärtigen belastenden Erfahrungen

Die Studie von Gavranidou und Kolleginnen (2008), die in Gemeinschaftsunterkünften bei Flüchtlingskindern durchgeführt wurde, zeichnet sich besonders durch die Berücksichtigung einer Vielzahl an Belastungen aus, die typisch sind für die Lebensbedingungen der Flüchtlingskinder in Deutschland. Untersucht wurden nicht nur – wie in vielen anderen Studien – die Auswirkungen von traumatischen Kriegsereignissen auf die Gesundheit von Flüchtlingskinder, sondern auch die allgemeinen gesellschaftlichen (z. B. Aufenthaltsstatus, Unterbringung, Diskriminierung) und familiären (z. B. für die Eltern dolmetschen oder Behördengänge übernehmen) Belastungen. Für eine sinnvolle Analyse von Ursache und Wirkung wurde in der Studie die ermittelte Häufigkeit von PTBS und anderen psychischen Auffälligkeiten bei Flüchtlingskindern in Bezug zu direkten sowie indirekten Kriegsbelastungen und aktuellen Lebensbedingungen in Deutschland gesetzt. Die Ergebnisse dieser Studie weisen nach Gavranidou und Kolleginnen darauf hin, dass möglicherweise weniger die unmittelbaren traumatischen Kriegserfahrungen vor der Flucht, sondern vielmehr die gesellschaftlichen und familiären Exilbelastungen mit psychischen Auffälligkeiten verknüpft sind (Gavranidou et al., 2008). Flüchtlingskinder und -jugendliche, die über viele belastende familiäre Ereignisse berichteten, gehörten zu der Gruppe mit den höchsten Werten auf den YSR-Skalen aus dem Youth-Self-Report zu psychischen Auffälligkeiten (Döpfner, Plück, Bölte, Lenz, Melchers u. Heim, 1998). Diese Ergebnisse entsprächen, wie Gavranidou und Kolleginnen (2008) feststellen, Aussagen und Befunden aus der frühen Kriegs- und Fluchtliteratur (z. B. Keilson, 1979) und bestätigen zudem das Ergebnis jahrelanger Erfahrungen, die bei Refugio in der Beratung und Behandlung von Flüchtlingsfamilien gemacht wurden.

> **Ergebnisse (Angabe von Häufigkeiten) zu gesellschaftlichen und familiären Belastungen (Gavranidou et al., 2008)**
>
> Gesellschaftliche Belastungen im Exil (n=55): Kein eigenes Zimmer (47), erzwungene Arbeitslosigkeit der Eltern (26), Diskriminierungserfahrungen (24), gemeinsame sanitäre Anlagen (23), unsicherer Aufenthalt (20), gemeinsame Küchen (20).
>
> Familiäre Belastungen im Exil (n=43): Übersetzen für Eltern (43), Erledigen von amtlicher Post (19), Vater nicht als Bezugsperson angesehen (35), Mutter nicht als Bezugsperson angesehen (33), häufige Konflikte mit Eltern (17), keine Unterstützung von den Eltern (8).

Angesichts der starken Gewichtung, die in dieser Studie den aktuellen Lebensbedingungen zukommt, schlussfolgern die Autorinnen, dass die familiären und gesellschaftlichen Belastungen – neben den Folgen nach Kriegsereignissen – eine besondere Bedeutung für eine angemessene Einschätzung von kindlichen Verhaltensauffälligkeiten haben. Dies berge auch die Chance, dass Maßnahmen zur Verbesserung der aktuellen Lebensbedingungen zu einer Entlastung der psychischen Belastungen führen können (Gavranidou et al., 2008).

Auch sogenannte posttraumatische Risikofaktoren, die die Entwicklung einer PTBS signifikant bei Kindern mitbestimmen, wie beengtes Wohnen, Posttraumatische Belastungsstörung der Mutter bzw. des Vaters (Egle et al., 2000), mangelnde soziale Unterstützung, familiäre Belastungen und weitere belastende Lebensereignisse (Tuulikki Kultalahti u. Rosner, 2008), sollten bei der Unterstützung von Flüchtlingskindern Berücksichtigung finden und durch entsprechende Maßnahmen reduziert werden, z. B. durch die Beantragung einer ganztägigen Betreuungssituation in Kitas oder Schulen sowie Therapieangebote für psychisch belastete Eltern.

Ein weiterer Befund dieser Studie (Gavranidou et al., 2008) veranschaulicht den negativen Einfluss der aktuellen Lebenssituation auf die Eltern-Kind-Beziehung. Aufgrund der mangelnden Deutschkenntnisse ihrer Eltern müssen Flüchtlingskinder häufig Behördengänge übernehmen oder ihre Eltern zu Behörden- und Beratungsterminen begleiten, um die Übersetzung zu gewährleisten. Erfahrungen bei Refugio München zeigen, dass Flüchtlingskinder früh lernen, die psychisch belasteten Eltern nach Kriegs- und Fluchterfahrungen zu schonen und besondere Rücksicht auf ihr Befinden zu nehmen. Eltern bedauern immer wieder in Therapiegesprächen, dass sie sich aufgrund ihrer psychischen Belastungen nicht ausreichend um ihre Kinder kümmern und auf deren Bedürfnisse eingehen könnten. Umgekehrt wird häufig die fehlende Aufsicht der Eltern von Asylsozialarbeiterinnen und -arbeitern in den Flüchtlingsunterkünften beobachtet und kritisiert. Flüchtlingskinder geraten durch diese Umstände allzu oft in überfordernde Situationen, ohne einen ausreichenden Schutz durch ihre Eltern. Die altersentsprechenden Bedürfnisse der Kinder bleiben dabei zu oft unberücksichtigt. Dieses Phänomen ist bekannt als Parentifizierung. Viele Betroffene erleben dies im Rückblick als Verlust ihrer Kindheit.

In der Studie (Gavranidou et al., 2008) wird außerdem deutlich, dass Flüchtlingskinder den Rat und die Unterstützung ihrer Eltern im Vergleich zu deutschen Kindern weniger in Anspruch nehmen. Sowohl die fehlenden Kenntnisse über das Leben in Deutschland als auch die Kriegs-, Flucht- und Exilerfahrungen könnten dazu führen, dass Eltern ihren Kindern nicht den notwendigen sozialen Rückhalt und die dringend benötigte Unterstützung geben können. Dies versuchen die Jugendlichen vor allem durch Freundinnen und Freunde auszugleichen, wie die Ergebnisse der Studie zeigen. Abschließend kann festgestellt werden, dass die Jugendlichen bei besserer Integration und stärkerem sozialen Rückhalt durch Familie und Freundinnen bzw. Freunde psychisch gesünder sind. Freundschaften mit deutschen Kindern sind aufgrund der Unterbringung in Flüchtlingsunterkünften allerdings erschwert (Gavranidou et al., 2008).

5 Gründe für das muttersprachliche Elterntraining

Der Einblick in die Lebenslage der Flüchtlingsfamilien verdeutlicht, welchen multiplen Belastungen sie nach ihrer Ankunft in Deutschland ausgesetzt sind. Sie führen ein Leben in einem fremden Land unter angespannten Wohn- und Lebensbedingungen, sind nach traumatischen Erfahrungen häufig psychisch belastet und oft über längere Zeit ohne Gewissheit auf eine sichere Zukunftsperspektive wegen eines schwebenden Asylverfahrens.

Neben den Traumafolgestörungen führen die vielfältigen Stressoren einer unfreiwilligen Migration mit den beschriebenen erschwerten Lebensbedingungen in Deutschland zu familiären Belastungen bei Flüchtlingsfamilien. Migration kann einen Bruch in der Lebensgeschichte darstellen und erfordert bei den Flüchtlingsfamilien unter anderem einen Prozess des Umdenkens bisheriger Überzeugungen sowie die Bereitschaft, Veränderungen in ihren alltäglichen Gewohnheiten vorzunehmen. Viele Flüchtlingsfamilien meistern diese Herausforderung und gewinnen dadurch ein hohes Maß an Flexibilität im Denken und Handeln. Anderen geflüchteten Familien fällt es schwer, nach ihrer Migration in ein Land mit anderen Werten und Normen Orientierung zwischen den beiden Wertesystemen von Herkunfts- und Aufnahmeland zu finden. Das kann dazu führen, dass sich Eltern angesichts dieser sehr unterschiedlichen Belastungen in der Erziehung ihrer Kinder zeitweise massiv überfordert fühlen und dann eine angemessene, auf diese Lebenssituation angepasste Unterstützung benötigen.

Aufgrund der Erfahrungen mit Flüchtlingsfamilien in Therapie und Beratung war es für das Beratungs- und

Behandlungszentrum Refugio München daher von zentraler Bedeutung, die bisherigen Angebote um einen muttersprachlichen Trainingsansatz im Sinne eines Empowerments zu erweitern, um Flüchtlingsfamilien im Umgang mit den Belastungen, der Auseinandersetzung mit unterschiedlichen Erziehungsvorstellungen und der Umsetzung von Verhaltensänderungen im Erziehungsalltag zu stärken.

6 Sozialisation in unterschiedlichen Lebenskontexten

6.1 Unterschiedliche Selbstkonzepte

Für eine sinnvolle, an die Bedürfnisse der Flüchtlingsfamilien angepasste Unterstützung ist es wichtig, zu verstehen, in welchem Lebenskontext Wertvorstellungen und Erziehungsziele entwickelt wurden und nach der Migration noch wirksam sind.

Die Sozialisation unter verschiedenen Lebensbedingungen – im Sinne eines Anpassungsprozesses – führt zu unterschiedlich geprägten Lebensformen, Weltbildern und Selbstdefinitionen. Ebenso wie Bowlby (1973) anerkennt, dass Bindungsmuster das Resultat einer spezifischen evolutionären Anpassung an die vorgegebene Umwelt darstellen, sind viele Wertvorstellungen und Verhaltensweisen der Flüchtlingsfamilien als Ergebnis eines Anpassungsprozesses an eine Umwelt zu verstehen, die vor allem aufgrund von Kriegssituationen nicht vergleichbar mit den Lebensbedingungen in Deutschland ist. Unabhängig von besonders belastenden Situationen, wie Krieg und Verfolgung, prägen noch andere Faktoren die Lebensbedingungen der Flüchtlinge in den Herkunftsländern. Soziale Faktoren, wie Stadt-/Landbevölkerung, Bildungsstand, soziale Schicht, Einkommen, aber auch ethnische und religiöse Zugehörigkeit prägen die Sozialisation eines Individuums und bestimmen dessen Chancen einer Teilhabe an der Gesellschaft. Viele Flüchtlinge haben bereits im Herkunftsland als Zugehörige einer religiösen und/oder ethnischen Minderheit Ausgrenzung und Diskriminierung erlebt, wie beispielsweise Yesiden in Syrien oder geflüchtete Menschen im jeweiligen Nachbarland, wie z. B. Afghanen im Iran.

Der Fokus des folgenden Abschnitts liegt auf der Darstellung unterschiedlicher Gesellschaftsstrukturen und -formen, die zusätzlich zu den bereits genannten Faktoren den jeweiligen Lebenskontext der Menschen und damit deren persönliche Sozialisation prägen. Zur Verdeutlichung von Unterschieden werden die Gesellschaftsstrukturen schematisch, im Sinne von Prototypen, gegenübergestellt und die entsprechenden Auswirkungen auf Selbstkonzepte und Wertvorstellungen beschrieben. Dabei ist immer wieder zu berücksichtigen, dass die Entwicklung einzelner Personen immer nur aus der Gesamtschau von Gesellschaftsform und persönlichen, sozialen sowie familiären Faktoren zu verstehen ist.

Wenn das Überleben eines Individuums in einer Gesellschaft ausschließlich in der Verantwortung der Familie liegt, was auf viele Herkunftsländer der Flüchtlinge zutrifft, dann ist die Bezogenheit auf Familie und Gemeinschaft von existenzieller Bedeutung. Das Verständnis Einzelner, sich ausschließlich als Teil der Gemeinschaft zu begreifen und für das Bestehen dieser Gemeinschaft zu leben, definiert das grundlegende Sozialisationsziel einer verbundenheitsorientierten Gesellschaft. Innerhalb dieser gesellschaftlichen Bedingungen spielt die Förderung sozialer Fähigkeiten der Kinder eine weitaus größere Rolle in der Erziehung als das Streben nach Selbstverwirklichung. Der Begriff der Autonomie hat nach Keller (2011) in diesen Gesellschaften eine andere Bedeutung als in der westlichen Erziehung. Kinder werden schon früh dazu erzogen, ihren Beitrag für die Gemeinschaft zu leisten. Auf diese Weise wird in der Erziehung die sogenannte Handlungsautonomie nach Keller (2011) gefördert. Besonders in einer ländlichen Bevölkerung wird schon von Kleinkindern erwartet, auf jüngere Kinder zu achten und handwerkliche Aufgaben zu verrichten. Die Kinder lernen bereits früh das Hantieren mit den Werkzeugen der Erwachsenen. Die Erfahrung, bereits von Kindesbeinen an einen Beitrag zum gesellschaftlichen Leben leisten zu können, hat eine identitätsstiftende Funktion für einzelne Personen.

In den westlichen Industrienationen hingegen wird dem Begriff Kindheit eine grundlegend andere Bedeutung beigemessen. Die Erwachsenenwelt wird hier nachgespielt, wie die Beispiele Puppenstube und kindgerechte Werkzeuge als Spielwaren zeigen. Idealerweise sollte dem Kind jedoch nach westlichem Denken während der kindlichen Entwicklung ausreichend Zeit zur Verfügung stehen, um die eigenen kognitiven, kreativen und sportlichen Anlagen durch spielerische Exploration erkennen und entfalten zu können. Dass sich diese pädagogische Idee in den letzten Jahrzehnten in bestimmten westlichen Ländern in ein allgemeingültiges Erziehungsverständnis wandeln konnte, hängt zum einen mit der humanistischen Tradition dieser Länder zusammen und zum anderen mit dem dortigen Frieden sowie der andauernden ökonomischen Stabilität.

Lwano, Mitarbeiter im Elterntrainingsteam, weist in seinen Vorträgen immer wieder auf die Bantuphilosophie hin, die besagt, dass in vielen afrikanischen Ländern neben den Großfamilien auch der Glaube an die Macht der Ahnen einen großen Einfluss hat. Für viele geflüchtete Menschen aus afrikanischen Ländern bleibt der Glaube an den Einfluss der Ahnen auch nach der Migration bestehen.

6.2 Unterschiedliche Erziehungsvorstellungen

Ein im letzten Jahrhundert vollzogener Übergang der familiären Existenzsicherung zu einer Absicherung durch staatliche familienersetzende Institutionen hat in Deutschland zu einer zunehmenden existenziellen Unabhängigkeit vom familiären System beigetragen. Dadurch stehen dem Individuum von Kindheit an mehr Freiräume zur Verfügung, um sich weitgehend ohne Pflichten gegenüber der Familie entfalten zu können. In entsprechenden deutschen pädagogischen Konzepten (Bundeszentrale für gesundheitliche Aufklärung, 2009) wird das Kind als autonomes Wesen verstanden, dessen Wünsche und Fähigkeiten von der Umwelt, speziell von den Eltern, ernst genommen und gefördert werden müssen. Die frühe Förderung der psychischen Autonomie des Kindes durch die Eltern, das heißt, die Fähigkeit eines Kindes, eigene Wünsche, Ansichten und Kompetenzen früh zu erkennen und zu kommunizieren, wird in den westlichen pädagogischen Konzepten als notwendige Voraussetzung für eine erfolgreiche Selbstverwirklichung und Unabhängigkeit im Erwachsenenalter gesehen.

Viele Flüchtlingsfamilien kommen aus verbundenheitsorientierten Gesellschaften. Sie bringen daher Erziehungsideale mit, die im Gegensatz zu den genannten westlichen pädagogischen Konzepten stehen. In der Erziehung spielen Werte wie Respekt vor Erwachsenen, Gehorsam und die Orientierung an einer religiösen Moralvorstellung bei Flüchtlingsfamilien aus entsprechenden Herkunftsländern häufig eine weitaus wichtigere Rolle als in Deutschland, außerdem wird der Förderung von eigenen Ansichten und Meinungen bei Kindern eine untergeordnete Rolle beigemessen.

Borke, Schiller, Schöllhorn und Kärtner (2015) beschreiben in diesem Zusammenhang unterschiedliche »kulturspezifische Regulationsherausforderungen« (S. 65), die bei der kindlichen Entwicklung kulturell bedeutsame Fähigkeiten unterstützen sollen. In autonomieorientierten Kontexten ziele Erziehung auf die frühe Förderung der kindlichen Selbstregulationsfähigkeiten (z. B. frühes Schlafen im eigenen Bett, frühes selbstständiges Essen). In verbundenheitsorientierten, ländlichen Kontexten lege man, so Borke und Kollegen, zwar Wert auf die Förderung von frühen selbstregulativen Fähigkeiten in Bezug auf körperbezogene Kompetenzen, um Kinder in die Mitarbeit sowohl im Haushalt als auch in die Feldarbeit einbinden zu können, im Allgemeinen würden jedoch geringere Anforderungen an die Selbstregulationsfähigkeiten des Kindes gestellt und ein hohes Ausmaß an sozialer Unterstützung im familiären Verbund geboten.

Beim Besuch von deutschen Kindergärten und Schulen treffen Flüchtlingskinder folglich auf eine Umwelt mit gegensätzlichen Wertvorstellungen. Allerdings kennen Länder, die im 20. Jahrhundert lange z. B. unter britischem Protektorat waren, wie der Irak, westlich geprägte pädagogische Konzepte, die als Grundlage ihres Bildungssystems dienen. Laut Aussagen einer Gymnasiallehrerin aus Bagdad bestehen trotzdem deutliche Unterschiede im Schulwesen zwischen Großstädten wie Bagdad und Kleinstädten sowie ländlichen Regionen, in denen im Gegensatz zum selbstständigen Lernen noch ausschließlich das Auswendiglernen des Lernstoffs praktiziert wird.

6.3 Kulturelle Unterschiede in der Eltern-Kind-Beziehung

Von wesentlicher Bedeutung für den Kontext von Beratung und Elterntraining ist das kulturelle Verständnis einer Eltern-Kind-Beziehung. Das in der aktuellen Pädagogik in Deutschland vorherrschende Bild kann nach Keller (2003) als ein Gleichberechtigungsmodell beschrieben werden, welches für die Eltern-Kind-Beziehung als Ausdruck einer Autonomieorientierung zu verstehen ist. Das Kind werde von Anfang an als autonomes Wesen mit eigenen Wünschen und einem eigenen Willen, den es zu berücksichtigen und zu unterstützen gilt, wahrgenommen. Dieses Verständnis stellt ein pädagogisches Ideal dar, das auch in Deutschland noch nicht durchgehend Eingang in die (schul-)pädagogische Praxis gefunden hat.

Für den Prototyp der Verbundenheitsorientierung und damit für viele Herkunftsländer der Flüchtlingsfamilien gilt hingegen eher das Lehrlingsmodell (Keller, 2003; Saraswathi, 1999; Nsamenang u. Lamb, 1994). Dabei zählen die Fähigkeit zur gemeinschaftlichen Zusammengehörigkeit, das Erlangen von sozialen Kompetenzen sowie Gehorsam und Respekt gegenüber sozial Höhergestellten als wichtige Entwicklungsziele. Individuelle Wünsche und Interessen sowie das Erlangen von Autonomie spielten hier eine untergeordnete Rolle.

Ebenso von Bedeutung für die Beratung von Flüchtlingseltern ist die Einschätzung der Bindung zwischen Eltern, insbesondere der Mutter und dem Kind. Ergebnisse aus der kulturvergleichenden Forschung auf dem Gebiet kindlicher Entwicklung, Familie und Erziehung (Otto, 2011) verweisen auf kulturelle Unterschiede bezüglich der Verhaltensweisen, die als Zeichen einer guten Bindung zwischen Mutter und Kind angesehen werden. So ist es beispielsweise in einer gefährlichen Umwelt sinnvoll, das Explorationsverhalten des Kindes stark einzuschränken und seine Suche nach Nähe zu den Eltern zu fördern. Rothbaum, Weisz, Pott, Miyake und Morelli (2000) heben hervor, die Bindungstheorie sei »aufgeladen mit westlichen Werten und Bedeutungen« (S. 1093; übers. v. Verf.) im Sinne einer Betonung des Autonomiestrebens und der Individualität. Die Autorinnen und Autoren veranschaulichen kulturspezifische Unterschiede an der Art und Weise, wie amerikanische und japanische Eltern feinfühliges Verhalten präsentieren. Entsprechend der Bindungstheorie misst man Feinfühligkeit daran, wie amerikanische Eltern auf ihr Kind reagieren, wenn dieses ein Bedürfnis äußert. Im Unterschied dazu bemühen sich die in der Studie befragten bzw. beforschten japanischen Eltern, Situationen, die belastend für ihr Kind sein könnten, frühzeitig zu erkennen, um vorausschauend Belastungen zu reduzieren. Auch im Umgang mit dem kindlichen Explorationsverhalten agieren beide Gruppen unterschiedlich. Im Gegensatz zu amerikanischen Eltern, die das Explorationsverhalten ihres Kindes fördern, ermutigen japanische Eltern ihre Kinder eher, die Nähe zur Mutter zu suchen, als ihre Umgebung zu erkunden. Die Übertragung von westlichen Diagnosekriterien bei der Einschätzung des Beziehungsverhaltens bei Flüchtlingsfamilien birgt daher die Gefahr, beobachtete Verhaltensweisen dieser Eltern ohne Berücksichtigung des Entstehungskontextes fälschlicherweise zu pathologisieren.

Die unterschiedlichen Sozialisationsziele – abhängig vom jeweiligen Lebenskontext und von gesellschaftlichen Erwartungen an die Einzelnen – an die Eltern-Kind-Beziehung und das Elternverhalten veranschaulicht Kellers (2007) ökokulturelles Entwicklungsmodell am Beispiel von gegensätzlichen Prototypen einer westlichen Mittelschichtsgesellschaft und einer ruralen Gesellschaft in einer ländlichen Region Nordkameruns (s. Abbildung 1).

Das Fundament unserer westlichen pädagogischen und psychologischen Konzepte ist das Verständnis eines nach Autonomie strebenden Individuums mit seinen speziellen Bedürfnissen und Talenten sowie dem Ideal einer Selbstverwirklichung. Diese Vorstellung steht oftmals im strengen Gegensatz zum ökokulturellen Entwicklungsmodell. Im Schulalltag und Beratungskontext kommt es daher häufig zu einer Begegnung und manchmal auch zur Konfrontation zwischen sehr unterschiedlich geprägten Menschenbildern. Darüber hinaus sind viele Flüchtlinge

Kulturelle Unterschiede in der Eltern-Kind-Beziehung

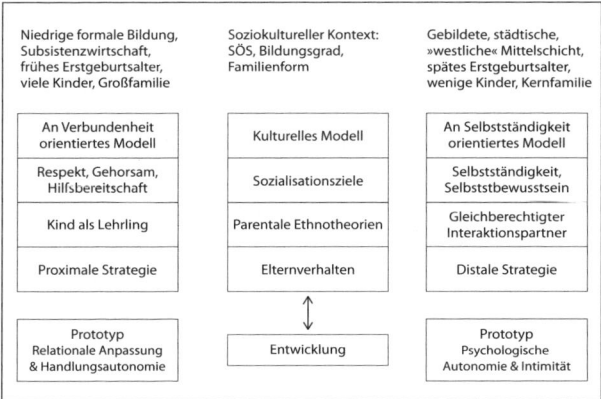

Abbildung 1: Das ökokulturelle Entwicklungsmodell (Keller u. Kärtner, 2013, S. 105)

in Diktaturen aufgewachsen und bringen wohlbegründetes Misstrauen gegenüber Institutionen bzw. Behörden mit und damit auch gegenüber den Erziehungskonzepten, die ihnen diese Stellen vermitteln wollen.

Weltweite Erziehungsziele für das kindliche Verhalten: Fünf Kategorien von Robin Harwood

Die fünf Kategorien von Harwood (Leyendecker, 2014, S. 6) zeigen auf, welche Erziehungsziele bezogen auf das kindliche Verhalten weltweit in der Erziehung eine Rolle spielen. Anhand dieser Kategorien lassen sich je nach Gesellschaftsmodell unterschiedliche Ausrichtungen und Gewichtungen verdeutlichen. Beispielsweise wird der Selbstmaximierung mit dem Ziel einer Selbstverwirklichung in Deutschland große Bedeutung beigemessen, während dieser Aspekt bei den Nso in Kamerun zugunsten der Soziabilität keine oder zumindest eine äußerst geringe Rolle spielt (Keller, 2007). Die fünf Kategorien von Harwood lauten:

1. Selbstmaximierung: Entwicklung der Talente und Fähigkeiten des Kindes sowie die Entwicklung von Selbstbewusstsein und Unabhängigkeit
2. Selbstkontrolle: Fähigkeit, negative Impulse zu begrenzen, die mit Neid, Aggression, Egoismus oder der Unfähigkeit, sich zu beherrschen, zu tun haben
3. Soziabilität: Förderung von Freundlichkeit, emotionaler Wärme und die Fähigkeit, enge affektive Bindungen zu anderen zu unterhalten
4. Anständigkeit: Fähigkeit, grundlegende soziale Standards wie Fleiß, Verantwortungsbewusstsein, Ehrlichkeit und Toleranz einzuhalten sowie unerlaubtes/illegales Verhalten (Drogen, Kriminalität) zu vermeiden
5. Gutes Benehmen: Erwachsenen, vor allem Eltern und älteren Menschen, mit Respekt begegnen, familienbewusst sein, Autorität anerkennen und sich situationsbezogen angemessen benehmen können

7 Postmigrationsstressoren

7.1 Migrationskonzepte[1]

Migration lässt sich als ein Akt, ein Prozess und ein Zustand zugleich verstehen. Der Umgang mit Migration ist einerseits abhängig von gesellschaftspolitischen Bedingungen des Aufnahmelandes, wie rechtlichen Regelungen und strukturellen Hindernissen, sowie andererseits von individuellen und familiären Bedingungen der Migrantinnen und Migranten, wie Gesundheit, Vorhandensein von Ressourcen und Kompetenzen (Gavranidou, 2006). Migration kann je nach Bedingungen zu einer besseren Lebensqualität bei Migrantinnen und Migranten beitragen oder aber auch aufgrund von zu großen Belastungen zu psychischen und physischen Beeinträchtigungen führen. Migration ist nicht per se als Krise zu betrachten. Allerdings muss darauf hingewiesen werden, dass Flucht als unfreiwillige Migration in der Regel mit schwierigsten Lebensbedingungen im Exil, z. B. mit unsicherem Aufenthaltsstatus oder Traumatisierungen, verbunden ist.

Zum besseren Verständnis migrationsspezifischer Aspekte wird auf zwei Modelle zu Migration eingegangen. Das bekannteste Phasenmodell von Sluzki (2010) beschreibt folgende Stadien beim Migrationsprozess:
- *Vorbereitung der Migration:* In der Vorbereitungsphase sind eine Person und ihre Familie damit beschäftigt,

---

1 Diese Ausführungen sind eine leichte Umarbeitung eines bereits veröffentlichten Textes (Gavranidou u. Abdallah-Steinkopff, 2007).

Informationen einzuholen, die die Entscheidung auszuwandern unterstützen bzw. infrage stellen. Die meisten Aus-/Zuwandernden bewältigen diese Phase relativ gut. Bei vielen Migrantinnen und Migranten (z. B. Heiratsmigrantinnen und -migranten sowie Kindern und Jugendlichen) und vor allem bei Flüchtlingen ist wenig Planung und oft keine gemeinsame familiäre Entscheidung auszumachen.

- *Migrationsakt*: Dieser folgt der Vorbereitungsphase und kann unterschiedlich lang sein, in seiner Form variieren und je nach Ablauf mehr oder weniger Risiken in sich bergen und Krisen hervorrufen. Bei Flüchtlingen kann er besonders stressvoll verlaufen.
- *Überkompensierungsphase*: Als erste Anpassungsleistung nach dem Migrationsakt ist die Phase der Überkompensierung zu sehen. Viele Migrantinnen und Migranten sind in dieser Phase darauf bedacht, das Leben zum Laufen zu bringen und ein Alltagsleben zu installieren. Um das zu leisten, müssen sie Unstimmigkeiten und Widersprüche verleugnen, Dissonanzen vermeiden und vielleicht »schönreden« (Honeymoon-Phase). Eine solche Haltung kann jedoch nicht lange aufrechterhalten werden.
- *Phase der Dekompensation*: Nach der Honeymoon-Phase der Migration folgt das große Erwachen, die Phase der Dekompensation. Es ist eine Zeit der Zweifel und des Leids, der nicht mehr abzuwehrenden Widersprüche, der offensichtlich gewordenen persönlichen Defizite und falschen Bewältigungsstrategien. In dieser Phase kommen Krisen am häufigsten auf, psychische sowie körperliche Probleme und Symptome werden beklagt und Konflikte bestimmen den Alltag. In dieser Zeit wird nach dem Akkulturationsmodell abgewogen, was von der Herkunftsgesellschaft beibehalten und was von der Aufnahmegesellschaft übernommen werden

soll. Hier kommt es darauf an, wie die aufnehmende Gesellschaft und das zugewanderte Individuum mit den Unterschieden der »konkurrierenden« Gesellschaften umgehen, welches Gewicht diesen Unterschieden beigemessen wird und wie hoch die Bereitschaft (bei Gesellschaft und Individuum) ist, Anderssein und gesellschaftliche Vielfalt zu tolerieren.
– *Phase der generationsübergreifenden Anpassungsprozesse und Integration:* Sluzki (2010) geht davon aus, dass in dieser Zeit die in der Familie noch offenen Migrationskonflikte und nicht erreichten Anpassungsleistungen auftauchen. Hat die erste Zuwanderergeneration es versäumt, sich mit der Aufnahmegesellschaft auseinanderzusetzen, so muss die zweite oder gar dritte Generation diese Leistung erbringen.

Jede dieser Phasen zeichnet sich durch ihre besonderen Belastungen und individuellen und familiären Bewältigungsmuster aus. Das Modell von Sluzki (2010) ist besonders interessant für Praktikerinnen und Praktiker, weil es einen theoretischen Rahmen für das Prozesshafte der Migration liefert und Hinweise auf mögliche Störungen, aber auch Reifungsschritte für jedes Stadium des Migrationsverlaufs anbietet. Da es die Migration im Allgemeinen abbildet, ist das Modell von Sluzki (2010) für die Darstellung von Migration aufgrund von Flucht allerdings unzureichend. Budimlic und ich modifizierten daher sein Modell, indem wir uns an der Lebenssituation geflüchteter Menschen orientierten. Ebenso wie das Original stellt das modifizierte Modell einen idealtypischen Verlauf von Flucht und Schutzsuche im Exil dar (s. Abbildung 2).

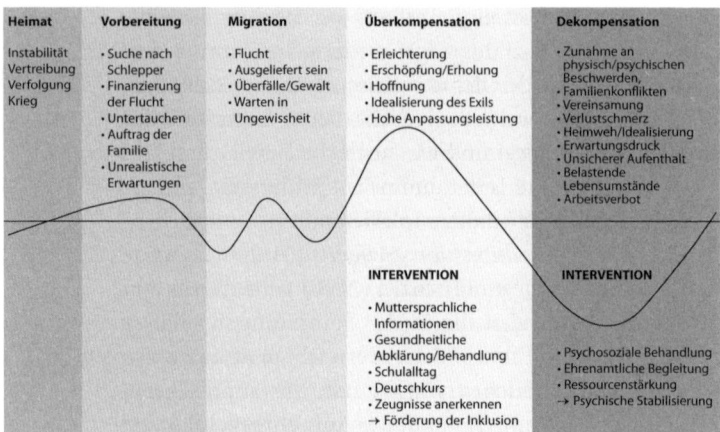

Abbildung 2: Psychologische Phasen der Migration nach Fluchterleben (Budimlic u. Abdallah-Steinkopff in Anlehnung an das Phasenmodell von Sluzki, 2010)

Ein anderes wichtiges Migrationskonzept stammt von J. W. Berry. Berry (1990) beschreibt in seinem Akkulturationsmodell unterschiedliche Copingstile, die während des Akkulturationsprozesses zur Bewältigung des aus der interkulturellen Begegnung resultierenden Stresses im Aufnahmeland gezeigt werden. Beim Kontakt mit der neuen Kultur müssen Migrantinnen und Migranten (meist unbewusst) entscheiden, ob sie ihre traditionellen Werte und Vorstellungen aufgeben sollen oder nicht. Nach Berry (1990) sind vier Möglichkeiten der Lösung dieses (Migrations-)Konflikts vorgesehen (s. Tabelle 1).

Tabelle 1: Bewältigungsformen nach Migration von Berry (1990)

Konflikt während des Migrationsprozesses		Lohnt es sich, die eigene kulturelle Identität und Charakteristika aufrechtzuerhalten?	
		Ja	Nein
Lohnt es sich, Elemente der Aufnahmegesellschaft zu übernehmen?	Ja	Integration Identität (zwischen) in beiden Kulturen	Assimilation
	Nein	Segregation/ Separation	Marginalisierung

Gemäß Berrys Vorstellung bergen drei der vier Entscheidungen das Potenzial einer Krise in sich, nämlich Assimilation (überangepasst oder einseitig an die Aufnahmegesellschaft orientiert), Segregation (unterangepasst oder einseitig an der Herkunftsgesellschaft orientiert) und Marginalisierung (vereinsamt und orientierungslos).

Für das Behandlungs- und Beratungssetting sind die Migrationsmodelle von Sluzki (2010) und Berry (1990) beide relevant. Orientiert an Sluzkis Phasenmodell wurde ein Leitfaden zur systematischen Analyse migrationsspezifischer Probleme und Ressourcen bei Klientinnen und Klienten entwickelt, um Migration als kritisches Lebensereignis in die Anamnese mit aufzunehmen. Erfahrungen aus Supervisionen, durchgeführt von Supervisorinnen und Supervisoren von Refugio München transfer, zeigen, dass häufig nur der Zeitpunkt der Migration und nur selten die vergangenen sowie gegenwärtigen Umstände des Migrationsprozesses erfragt werden. Diese Aspekte eines Migrationsprozesses liefern für die psychologische Diagnostik jedoch oft sehr wichtige Hinweise für Ursachen einer psychischen Störung und werden in dem entwickelten Leitfaden abgefragt.

Die Beschreibung der Copingstile nach Berry (1990) verdeutlicht, dass Migration in der Biografie von Migrantinnen und Migranten einen lebenslangen Prozess darstellt. So kann ein Mensch innerhalb seines Akkulturationsprozesses je nach Lebensthematik (z. B. alleinstehend sein oder Familie gründen) und Verfügbarkeit sozialer Ressourcen unterschiedliche Bewältigungsstile zeigen.

7.2 Forderung nach »Kulturwegweisern«

Der Wunsch nach Orientierung ist bei vielen Berufsgruppen groß, die Flüchtlinge beraten. Sie wünschen sich sogenannte Kulturwegweiser für die verschiedenen Nationalitäten. Allgemeingültige Aussagen über generelle kulturspezifische Verhaltensweisen, seien es religiöse, ethnische oder nationale Aspekte, sind jedoch verfälschende Vereinfachungen und erschweren die Kommunikation mit Migrantinnen und Migranten (Hegemann, 2001). Auch deshalb wird die Forderung nach sogenannten Kulturwegweisern in der Literatur kontrovers diskutiert. Dennoch: Wissen über die kulturellen und religiösen Hintergründe der Klientel kann unter Umständen hilfreich sein, bestimmte Prozesse zu beschleunigen und zu vereinfachen (Erim u. Senf, 2002). Zu diesem Wissen zählen unter anderem Kenntnisse über die gesellschaftlichen, kulturellen und politischen Strukturen sowohl der Mehrheitsgesellschaft des Einwanderungslandes als auch der Herkunftsländer von Migrantinnen und Migranten, wie z. B. Vorstellungen über Geschlechterrollen und Werte, Sprachkenntnisse sowie das Bewusstsein darüber, dass eigene und fremde Handlungen kulturell beeinflusst sind und sich deshalb unterscheiden. Vermeintliches »Bescheidwissen« kann jedoch auch zu verheerenden Missverständnissen und Kunstfehlern führen und eine angemessene Interaktion unmöglich machen. So birgt der Erwerb kulturspezifischen Wissens, im Sinne von ethnologischen Kenntnissen, unter Umständen die Gefahr einer Stereotypisierung (Gavranidou u. Abdallah-Steinkopff, 2007).

Migration als mögliches kritisches Lebensereignis

- Migration macht nicht unvermeidlich und zwangsläufig krank, ist aber mit erheblichen Risikofaktoren (Wohn- und Arbeitssituation) bei Flüchtlingen verbunden.
- Migration kann einerseits zur Verbesserung der Lebenssituation nach Kriegserfahrungen beitragen. Andererseits kann unfreiwillige Migration jedoch spe-

ziell bei Flüchtlingen als ein kritisches Lebensereignis verstanden werden, das manchmal auch gravierende Konsequenzen für die körperliche und psychische Gesundheit haben kann.
- Individuelle Umgangs- und Bewältigungsmechanismen (Wissen, Einstellungen, subjektive Handlungskontrolle, Einbindung in soziale Netze), die Flüchtlinge mitbringen, können ohne Gewährung eines sicheren Aufenthalts in der neuen Gesellschaft oft nicht ausreichend genutzt und wirksam werden.
- Die Exploration des Migrationsprozesses hat in der Beratung und Therapie eine wichtige Bedeutung.

7.3 Auswirkungen von Migration auf die Familiendynamik

7.3.1 Wechsel von Großfamilie zu Kernfamilie

Flüchtlinge haben in ihren Heimatländern mehrheitlich in großfamiliären Strukturen gelebt. Nach Deutschland migrieren sie in der Regel als Kernfamilie. Der Wechsel vom Leben in der Großfamilie zum Leben in einer Kernfamilie geht erfahrungsgemäß mit großen Veränderungen für die Eltern und Kinder einher. Aus der Perspektive der Eltern verändern sich dadurch ihre Erziehungsaufgaben in Deutschland, da sich im Heimatland im Verbund mit der Großfamilie mehrere Bezugspersonen um die Kinder kümmerten: Durch die hohe Fremdkontrolle im familiären Kontext obliegt das Einhalten von gesellschaftlichen Regeln und Normen sowie das Einhalten von Grenzen bei der Erziehung nicht nur einem bzw. beiden Elternteilen, sondern Erziehung vollzieht sich in der familiären Gemeinschaft. Unter diesen Lebensbedingungen sind die Rollenerwartungen an Väter und Mütter in vielen Herkunftsländern, vor allem in der ländlichen Bevölkerung, folgendermaßen definiert und gesellschaftlich akzeptiert: Die Aufgabe der Väter wird in der existenziellen Absicherung der Familie gesehen, während die Mütter für die Sicherung einer gesunden Entwicklung der Kinder verantwortlich sind, insbesondere hinsichtlich Hygiene und Ernährung. Die moralische Entwicklung der Kinder wird von den Eltern, aber auch von Großeltern und näheren Verwandten gefördert. Als »Ratgeber« für Erziehung dient die Familie, insbesondere die Mütter, Großmütter und Tanten. Bücher als Erziehungsratgeber sind weitestgehend unbekannt. Nach der Migration sind Flüchtlingseltern daher mit einer Vielzahl an Erziehungsaufgaben konfrontiert, die vor der Migration von Familienangehörigen und der Gesellschaft mitgetragen worden sind. Darüber hinaus sind sie mit neuen Aufgaben belastet, die wegen der aufenthaltsrechtlichen Bestimmungen regelmäßige Behördengänge, Deutschkurse und zahlreiche Beratungstermine erfordern. Zu den Belastungen einer häufig unfreiwilligen Migration kommt das Leben in Sammelunterkünften, ein erschwerter Zugang zum Arbeitsleben und geringe Teilhabe am gesellschaftlichen Leben in Deutschland.

7.3.2 Belastungen für die Partnerschaft

Eine Migration unter erschwerten Lebensbedingungen, wie bereits beschrieben, führt häufig zu Belastungen in der Partnerschaft. Die Erfahrungen im Elterntraining zeigen, dass viele Flüchtlingspaare unter einer Zunahme an Beziehungskonflikten leiden. Auch in der Heimat hatte es Paarkonflikte gegeben. Dort vermitteln meist Angehörige, beauftragt von der Familie, oder andere gesellschaftlich akzeptierte Autoritäten. Aufgrund der Migration verlieren die Paare häufig diese Form der Konfliktvermittlung und müssen neue Wege zur Lösung ihrer Eheprobleme finden. Darüber hinaus ergeben sich nach der Migration in

Deutschland völlig neue Konfliktpotenziale in der Familie, für die diese keine angemessenen Lösungen aus ihrer Heimat kennen. Die Verschiebung der Machtverhältnisse innerhalb der Familie als ein konfliktreiches Resultat des Migrationsprozesses thematisiert Waldhoff (1995). Aus seiner Sicht verändern sich die Machtverhältnisse bei Familien mit Migrationshintergrund häufig infolge der im Aufnahmeland umfangreicheren Frauen- und Kinderrechte zugunsten der Frauen, Jugendlichen und Kinder. Andere Studien zeigen, dass gerade Frauen wegen ihrer fehlenden Berufstätigkeit über schlechtere Sprachkenntnisse und geringere soziale Kontakte verfügen, auch das birgt Konfliktpotenzial.

Eine Folge der oben beschriebenen Verschiebung von Machtverhältnissen ist die Schwächung der Männer im Familienverbund, wie Uslucan (2007) ausführt: Diese Veränderung der familiären Machtstrukturen fördert das Potenzial für Kränkungen und Konflikte zwischen Eltern und Kindern. In der Beratung sollte daher bei der Suche nach einer Konfliktlösung die Stärkung der Väter ebenso wie die der übrigen Familienmitglieder Berücksichtigung finden. Die Stärkung der Väter beinhaltet ausdrücklich nicht die Bestärkung von unangemessenen Methoden, wie z. B. körperliche Gewalt, sondern das Erfragen der dahinter liegenden Motive. Die Erfahrung in der Beratung zeigt: Manche geflüchteten Männer und Väter offenbaren in ihr ihre Ängste und Hilflosigkeit im Umgang mit den Veränderungen nach der Migration. Andere berichten von täglichen Flashbacks nach traumatischen Erfahrungen, in denen sie keine Kontrolle über ihre Affekte haben, und dann gibt es solche, die schon immer gegenüber ihren Ehefrauen und Kindern gewalttätig waren. In der Beratung müssen zwei Strategien parallel laufen: einerseits das Bewusstmachen, wie Gewalterfahrungen das Vertrauen der Ehefrau und Kinder in den Ehemann und

Vater zerstören und welche Auswirkungen dieses vor allem auf die Entwicklung ihrer Kinder hat (s. Abbildung 5, S. 123), andererseits das Aufzeigen, welche immens wichtige Rolle und Funktion der Vater und Ehemann für die Familie gerade nach der Migration innehat. Ebenso von großer Bedeutung ist das anschauliche Erklären, welche Formen es gibt, mit den eigenen Gewaltimpulsen besser umzugehen. Ziel ist es, in der Beratung einen Ausweg aus der Gewaltspirale aufzuzeigen, um der Rolle als Vater und Ehemann wieder gerecht zu werden. Die beiden ersten Gruppen von geflüchteten Männern, die hilflosen und die traumatisierten, sind in der Regel gut erreichbar für notwendige Interventionen. Ob sie diese hingegen im Alltag immer umsetzen können, ist auch abhängig von den entsprechenden Lebensbedingungen. Die Gruppe der Männer, die immer Gewalt ausgeübt haben, lässt sich meist erst über gesetzliche Regelungen beeinflussen. Der Fokus liegt dann auf der Sicherung des Schutzes der Ehefrau und der Kinder.

Ebenso wie die Vermischungen im Rollenverständnis nach der Migration zu Konflikten in der Partnerschaft führen können, zeigen sich auch Probleme bei der Erziehung der Töchter und Söhne, wie sowohl Eltern als auch Mitarbeiterinnen und Mitarbeiter aus Erziehungseinrichtungen berichten. Erfahrungen aus Beratung und Therapie bei Refugio München verdeutlichen folgendes Problem: Die Alltagstätigkeiten für Mädchen und Jungen waren im Heimatland – wie Afghanistan, Irak, Syrien – unabhängig von einem Schulbesuch für beide Geschlechter sehr genau definiert; die Mädchen wurden in den Haushalt eingespannt, mit Kochen, Verarbeiten der Ernte, Wäschewaschen, während die Jungen Tätigkeiten in der Öffentlichkeit verrichteten, wie das Erledigen der Einkäufe auf dem Markt und handwerkliche Arbeiten.

Nach der Migration nach Deutschland werden Familien mit einem anderen Rollenverständnis für beide Geschlechter konfrontiert. Mädchen können neben der Haushaltstätigkeit in Deutschland Aufgaben in der Öffentlichkeit übernehmen. Auf diese Weise besteht die Gefahr, dass es bei den Mädchen mit der Zeit zu einer Überlastung im Alltag kommt, während die Jungen einen in der Heimat klar definierten Tätigkeitsbereich an ihre Mütter und Schwestern »verlieren«. Die Erweiterung des Handlungsspielraums in Deutschland für Mädchen kann das Familiengefüge verändern und Ängste bei den Eltern und Brüdern auslösen. Im Gegensatz dazu bleibt das Rollenverständnis der Jungen nach der Migration diffus. Die Tendenz zu männlichkeitsbetontem Verhalten könnte unter diesem Aspekt als eher kompensierendes Verhalten verstanden werden, das sich erst nach der Migration entwickelt hat. Dieses Beispiel bezieht sich auf Familien, die häufig in ländlichen Regionen ihres jeweiligen Herkunftslandes aufgewachsen sind.

In Familien der gebildeten Schicht – häufig aus Großstädten ihres Herkunftslandes – hatten die Töchter und Söhne vor der Migration einen großen Handlungsspielraum für verschiedene Aktivitäten. Die Hausarbeit blieb meist trotzdem in Frauenhand. Eingebettet in ein vertrautes gesellschaftliches Leben konnten Eltern sich mehr auf das soziale Umfeld verlassen und dadurch ihren Töchtern mehr Freiräume zugestehen. Nach der Flucht nach Deutschland fehlt häufig dieses Vertrauen in das fremde Umfeld, sodass es Eltern schwerfällt, ihren Töchtern diese Freiräume weiterhin zuzugestehen. Die Erfahrungen der Elterntrainerinnen und -trainer zeigen: Die soziale Kontrolle durch die Exilgemeinden wird von einigen geflüchteten Eltern in Deutschland als einschränkender empfunden als durch die Gesellschaft im Herkunftsland. Diese Eltern erklären die wahrgenommene Zunahme an Kontrolle mit der Angst der Exilgemeinden vor einer unkontrollierbaren Entfremdung der Landsleute, insbesondere der Kinder, durch das neue und fremde Umfeld.

7.3.3 Spagat zwischen unterschiedlichen Erziehungsstilen

Betrachtet man die unterschiedlichen Erziehungsstile auf einer Achse zwischen den beiden Polen autoritärer und autoritativer Erziehungsstil, bedeutet die Migration für viele Flüchtlinge das Wechseln von einem eher autoritären Erziehungsstil der Herkunftsländer zu einem autoritativen Erziehungsstil, der gegenwärtig in deutschen pädagogischen Institutionen als entwicklungsfördernder Erziehungsstil favorisiert wird. Wie Erfahrungen bei Refugio und dem Elterntraining zeigen, führt für manche Flüchtlingskinder das Pendeln zwischen diesen extrem gegensätzlichen Erziehungsstilen zu Desorientierung und Verunsicherung, aber auch zu Rebellion, was sich negativ auf ihre weitere psychische Entwicklung auswirken kann. Das Hinweisen auf diese Gefahren sollte in der Beratung mit einer anschaulichen Darstellung der Kindperspektive bezüglich dieses Dilemmas verknüpft werden. Die Erfahrungen im Elterntraining zeigen, dass manche Flüchtlingseltern kaum Einblick in die Lebenswirklichkeit ihrer Kinder im deutschen Alltag haben und daher den Grad der Belastungen ihrer Kinder nicht einschätzen können. Sie müssen daher Kenntnisse über die Lebenswirklichkeit ihrer Kinder in Deutschland bekommen. Eine dafür erforderliche Wissensvermittlung darf nicht nur auf der Ebene der persönlichen Beratung durchgeführt werden, sondern muss auf mehreren Ebenen stattfinden.

Für *Eltern Aktiv* besteht der Auftrag, den Geflüchteten relevantes Wissen über den Alltag von Kindern und Jugendlichen in Deutschland im Rahmen der persönlichen

Beratung, im Gruppensetting sowie in den Communities zu vermitteln. Die Erfahrungen zeigen, dass die Wissensvermittlung besser durch Landsleute – als Multiplikatorinnen und Multiplikatoren – gelingt als durch Deutsche. Allerdings muss dabei berücksichtigt werden, dass es in den Communities Kontroversen darüber gibt, welche Form des Einlebens in die deutsche Gesellschaft wünschenswert ist. Zudem muss bei der Auswahl von Multiplikatorinnen und Multiplikatoren berücksichtigt werden, ob sie in ihren Communities angesehen sind.

Darüber hinaus muss den Familien auf verschiedenen Ebenen anschaulich und nachvollziehbar gemacht werden, in welchem Spannungsfeld sich ihre Kinder im Aufnahmeland tagtäglich behaupten müssen und welche psychischen Konflikte sich für sie ergeben, wenn der Spagat zwischen den Erwartungen der Eltern und etwa denen der Schule zu groß wird.

Erziehungsrelevante Einrichtungen stellen sich zunehmend auf die Belange der jeweiligen Flüchtlingsfamilien ein, indem sie Partizipation ermöglichen. Dies geschieht beispielsweise durch die Vermittlung von Sprachmittlerinnen und -vermittlern am Elternabend oder bei der Elternsprechstunde oder durch Räumlichkeiten, in denen Flüchtlingskinder betreut lernen können. Mit diesem Vorgehen kann man einen großen Teil der geflüchteten Eltern erreichen. Nicht immer sind Flüchtlingseltern aufgrund ihrer täglichen Probleme und psychischen Befindlichkeiten jedoch in der Lage, sich für die Belange ihrer Kinder zu engagieren. Dann bleibt als Lösung nur, den Flüchtlingskindern selbst Unterstützung und Begleitung anzubieten, indem man ihnen Zeit und Raum gibt, über ihre Dilemmata zu sprechen, die sie ihren Eltern nicht anvertrauen können, und gemeinsam Lösungen zu suchen, mit diesem Spagat besser umzugehen. Viele Schulsozialarbeiterinnen bzw. -arbeiter und Lehrerinnen bzw. Lehrer stellen sich tagtäglich diesen Herausforderungen und ermöglichen manchen Flüchtlingskindern dadurch die Erfahrung, dass es Menschen gibt, die ihre spezielle Situation wahrnehmen und mittragen.

7.3.4 Bedürfnis nach Zugehörigkeit in der kindlichen Entwicklung

In der kindlichen Entwicklung ist die Gewissheit, zur Gesellschaft zu gehören, eine wesentliche Voraussetzung für das Entstehen eines Selbstwertgefühls (Erim u. Senf, 2002). Die häufig erlebten Diskriminierungen vermitteln den geflüchteten Kindern in Deutschland das Gefühl, fremd und defizitär zu sein und nicht zur deutschen Gesellschaft dazu zu gehören. Das Zugehörigkeitsgefühls zur Aufnahmegesellschaft wird durch diese tagtäglich infrage gestellt.

Wenn Menschen ständig mit negativen Zuschreibungen, die auf das Anderssein (Aussehen, Namen, Nationalität, Religion) dieser Gruppe von Personen abzielt, konfrontiert werden, dann kann es nach Spivak (1985) dazu führen, dass diese zugeschriebenen negativen Eigenschaften unbewusst von den Betroffenen übernommen werden. Auf diese Weise wird die Person tatsächlich zum vermeintlich Anderen. Entsprechend dem Konzept des Othering von Spivak (1985) und basierend auf Wir-ihr-Konstruktionen wird das »Ihr« zum vermeintlich gänzlich Anderen, der im Gegensatz zum »Wir« als weniger emanzipiert, aufgeklärt, tolerant, demokratisch, gebildet etc. gedacht wird. Dabei werden elementare Differenzen konstruiert, die negativ bewertet und betont werden.

Besonders erwähnenswert sind in diesem Zusammenhang neurobiologische Untersuchungen (Bauer, 2011), die zeigen, dass das Gehirn nicht nur vitale, das Leben direkt gefährdende Bedrohungen des Organismus als Gefahr bewertet, sondern auch Gefährdungen zwischenmenschlicher Beziehungen, unlösbare Konflikte, drohende Einsamkeit, schwerwiegende Kränkungen oder soziale Ansehensverluste. Als Gefahrenlage bewertet das Gehirn, wie Untersuchungen nachweisen, jeden drohenden Verlust von Kontrolle und Sicherheit. Dazu zählen auch Diskriminierungserfahrungen, denn Diskriminierungen zielen auf Abwertungen und Isolierung der betroffenen Kinder und lösen bei diesen Ängste aus, in manchen Fällen auch existenzielle Not. Die Bedeutung von Diskriminierungserfahrungen nach der Migration ist daher für die Entwicklung eines gesunden Selbstwertgefühls im Kindesalter nicht zu unterschätzen und sollte bei den erziehungs- und bildungsrelevanten Berufsgruppen deutlich mehr Beachtung finden.

7.3.5 Gefahr einer unangemessenen Pathologisierung

Neben Diskriminierungserfahrungen spielt in deutschen erziehungsrelevanten Institutionen die Gefahr von Fehldiagnosen im Sinne einer unangebrachten Pathologisierung von Verhaltensweisen eine bedeutsame Rolle im Umgang mit Flüchtlingsfamilien. Der Einblick in die migrationsspezifischen Folgen bei Flüchtlingsfamilien verdeutlicht, dass besonders in der Erziehungsberatung häufig Menschen mit unterschiedlichen kulturellen Hintergründen und entsprechenden Vorstellungen über richtiges und falsches Erziehungsverhalten zusammentreffen. Nach Borke, Döge und Kärtner (2011) besteht in diesen Beratungssituationen oft die Gefahr, unvertraute Verhaltensweisen und Einstellungen als »nicht normal« und »falsch« abzulehnen, sie defizitär zu interpretieren oder im schlimmsten Fall zu pathologisieren. Erfahrungen bei Refugio München zeigen, dass dies auch bei professionellen Beraterinnen und Beratern zu beobachten ist,

z. B. im Kindergarten- und Schulkontext. In diesem Zusammenhang muss der Einsatz von obligatorischen Beobachtungsverfahren, Fragebögen und Messinstrumenten sowie insbesondere Testverfahren bei der Einschätzung von Intelligenz bei Kindern mit Migrationshintergrund nach Schölmerich, Leyendecker und Driessen (2010) und Joël (2018) hinsichtlich der Testfairness kritisch hinterfragt werden.

Ein anschauliches Beispiel für Fehldiagnosen aus dem psychiatrischen Bereich ist die Untersuchung von Adeponie, Thombs, Groleau, Jarvis und Kirmayer (2012) zu den Diagnosen von über dreihundert Patientinnen und Patienten. Von den siebzig Patientinnen und Patienten mit einer diagnostizierten psychotischen Erkrankung wurden fast 50 % neu diagnostiziert, wobei Major Depression, Posttraumatische Belastungsstörung, Anpassungsstörung und Bipolare Störungen die häufigsten neu gestellten Diagnosen waren. Nach Ansicht der Autorinnen und Autoren lag der Grund hierfür darin, dass kultur- und religionsgebundene Wahrnehmungen der Patientinnen und Patienten als Wahn fehlgedeutet wurden.

Ein weiteres Phänomen sind die sogenannten »Fallstricke«, die sich in Erziehungsberatungsstellen, die Flüchtlingsfamilien betreuen, während Teamsupervisionen zeigen, wenn dort psychologische Faktoren kulturalisiert oder kulturspezifische Faktoren psychologisiert werden.

Folgende Beispiele sollen Fehlinterpretationen veranschaulichen:
Nachdem Flüchtlingskinder von deutschen Freundinnen und Freunden zu Geburtstagsfeiern eingeladen wurden, würden sie sich gern mit einer Gegeneinladung revanchieren. Allerdings schämen sich viele Flüchtlingskinder wegen ihrer Wohnbedingungen, besonders, wenn sie noch

in Gemeinschaftsunterkünften untergebracht sind. Hinzu kommt, dass es bei vielen Flüchtlingsfamilien als unhöflich erachtet wird, eine Einladung anzunehmen, ohne mit einer Gegeneinladung auf ähnlichem Niveau zu antworten. Die psychische Scham wegen der eigenen Wohnverhältnisse und mangelnder finanzieller Möglichkeiten für eine adäquate Feier führt häufig dazu, dass Flüchtlingskinder Einladungen von deutschen Mitschülerinnen und Mitschülern nicht annehmen. Ein weiterer Grund für die Absage können auch Befürchtungen einiger Eltern sein, ihre Kinder könnten beim Besuch der deutschen Familie mit unerwünschten Gewohnheiten in Kontakt kommen, wie z. B. Alkoholgenuss der Eltern, Gerichte mit Schweinefleisch. Abgelehnte Einladungen werden von einigen deutschen Eltern mangels besseren Wissens als abschottendes Verhalten der Flüchtlingsfamilien gegenüber der deutschen Gesellschaft missverstanden. Allerdings zeigte sich in der Praxis auch, dass viele deutsche Eltern Ängste hatten, ihren Kindern zu erlauben, alleine zu Kinderfesten in Flüchtlingsunterkünften zu gehen. Im Elterntraining wird aus diesem Grund nach Lösungen für Flüchtlingseltern gesucht, Kinderfeste außerhalb der eigenen Gemeinschaftsunterkunft für ihre Kinder zu organisieren. Die Nutzung von kostenlosen Räumen in Museen hat sich dabei als hilfreiche Lösung bewährt.

Für die Einschätzung von Glaubwürdigkeit wird in Deutschland das Aufrechterhalten eines Blickkontakts während eines Gesprächs als wichtiges Indiz genutzt. Bei vielen Flüchtlingen gilt dagegen, insbesondere bei der ländlichen Bevölkerung, das Meiden eines längeren Blickkontakts als höfliches Verhalten. Diese unterschiedlichen kulturellen Einschätzungen prallen aufeinander und sorgen für Fehlinterpretationen, wenn Richterinnen und Richter in Gerichtsverfahren die Aussagen von Flüchtlingen auf ihre Glaubhaftigkeit überprüfen müssen.

Elterntrainerinnen und -trainer aus afrikanischen Ländern wie Nigeria und Kongo beschreiben ein tiefes Misstrauen ihrer Landsleute bezüglich Medikamenteneinnahme, insbesondere bei Psychopharmaka. Sie erklären dieses Misstrauen mit den diskriminierenden und rassistischen Erfahrungen, die ihre Landsleute in Deutschland erleben. Dieser Umstand wird in folgender Äußerung deutlich: »Die wollen uns hier nicht, daher wollen die deutschen Ärzte uns mit ihrer Medizin krankmachen«. Allzu leicht lässt sich daraus eine paranoide Tendenz ableiten, wenn die Rassismuserfahrungen als Ursache für Ängste in der klinischen Psychodiagnostik nicht mitberücksichtigt werden.

8 Konzeptuelle Überlegungen bei der Entwicklung des Trainingsmanuals

Die Darstellung der flüchtlingsspezifischen Lebensbedingungen und besonderen Belastungen, denen Flüchtlingsfamilien ausgesetzt sind, macht deutlich, dass der Trainingsansatz neben den üblichen Modulen eines Elterntrainings auch flüchtlingsrelevante Themen in großem Maße zu berücksichtigen hat. Eine besondere Herausforderung bei der Suche nach einem geeigneten konzeptuellen Ansatz ergibt sich dadurch, dass es sich bei geflüchteten Menschen – wie bereits erwähnt wurde – um eine äußerst heterogene Gruppe handelt.

Auf der Suche nach einem geeigneten Trainingsmanual spielten für das Kompetenztraining zur Stärkung der Flüchtlingseltern folgende Überlegungen eine wesentliche Rolle: Zum einen sollten Wissenslücken der geflüchteten Familien bezüglich medizinischer Versorgung und erziehungsrelevanter Aspekte in Deutschland gefüllt und zum anderen gewohnte Verhaltensweisen auf ihre Effektivität unter den neuen Lebensumständen analysiert und geprüft werden. Das Training sollte Methoden wählen, die Flüchtlingseltern dazu motivieren, konkrete Verhaltensänderungen zu erlernen und umsetzen zu können. Zudem sollte im Erziehungsalltag das Einüben der erlernten Verhaltensänderungen besondere Berücksichtigung finden, um einen besseren Wissenstransfer zu ermöglichen. Zum damaligen Zeitpunkt, als wir im Jahr 2005 bei Refugio München auf der Suche nach einem geeigneten Elterntraining waren, gab es keinen Trainingsansatz, der diese Aspekte beinhaltete. Die Suche fokussierte sich daher auf ein Trainingsmanual, das eine gute Grundlage und Ausgangsbasis dafür bot, weitere notwendige Modifikationen für Flüchtlingsfamilien zu ergänzen.

Letztendlich entschied sich Refugio München für das Trainingsmanual »Familienteam« von Johanna Graf (2005) als konzeptionelle Grundlage für die Entwicklung des muttersprachlichen Elterntrainings. Grafs Konzept überzeugt, weil es einerseits Erziehungsempfehlungen weitergibt und andererseits die Bindung und Beziehungsgestaltung zwischen Eltern und Kind verbessern will. Als hilfreiche Methode erweist sich dabei das Einnehmen von unterschiedlichen Perspektiven, insbesondere der kindlichen Perspektive durch die Eltern. Die kindlichen Perspektive zu berücksichtigen und wertzuschätzen ist für Flüchtlingseltern von besonderer Bedeutung und Wichtigkeit, da sie im Erziehungsalltag unter den belastenden Wohn- und Lebensbedingungen nicht immer in der Lage sind, den Bedürfnissen ihrer Kinder gerecht zu werden (Gavranidou et al., 2008).

Graf (2005) entwickelte zahlreiche Übungen und Rollenspiele, um den Eltern verschiedene Perspektivwechsel zu ermöglichen und sie zu befähigen, erlernte Verhaltensänderungen in den Erziehungsalltag zu übertragen. Das Programm musste von Refugio München insbesondere im Hinblick auf interkulturelle Aspekte in der Erziehung sowie auf den Umgang mit den flüchtlingsspezifischen Belastungen, wie schwierige Wohnbedingungen, unsicherer Aufenthaltsstatus und psychische Folgen nach traumatischen Erfahrungen, erweitert werden. Die Rückmeldungen der Elterntrainerinnen und -trainer über ihre Erfahrungen im Trainingsalltag trugen und tragen weiterhin dazu bei, sinnvolle Modifikationen und inhaltliche Ergänzungen an *Eltern Aktiv* vorzunehmen, um das Trainingsmanual an die Bedarfe der Flüchtlingsfamilien effektiver anzupassen.

Das Manual des muttersprachlichen Elterntrainings ist in fünf Module untergliedert. Die kulturspezifischen Inhalte des Programms sind als »Integrationswissen« und

»pädagogisches Wissen« überschrieben. Beide Module beinhalten sowohl kulturspezifische Überlegungen und Informationen, die die in diesem Buch beschriebenen Wissenslücken bei Flüchtlingsfamilien schließen sollen, als auch Lösungsvorschläge für die Gestaltung eines interkulturellen Wertekompasses zur besseren Orientierung nach der Migration. Das Modul »Gestaltung der gewaltfreien Kommunikation/Umgang mit chronischen Konflikten« bezieht sich auf Verhaltensänderungen für eine gewaltfreie Konfliktlösung in der Erziehung. Das Modul »Gestaltung der Bindung« beinhaltet eine Psychoedukation zu wesentlichen Aspekten der Beziehungsgestaltung zwischen Eltern und Kindern auf der Grundlage pädagogischer Konzepte sowie Methoden zur Stärkung einer sicheren Bindung zwischen Eltern und Kind. Als grundlegende Voraussetzung für die Eltern gilt das Modul »Fähigkeit zur Selbstfürsorge«, um die Erziehung ihrer Kinder mit der nötigen Energie und Besonnenheit zu meistern. Begleitend dazu sind flankierende Maßnahmen notwendig, wie Unterstützung durch ehrenamtlich Tätige und psychotherapeutische Behandlung eventuell bestehender Traumafolgestörungen mit dem Ziel einer psychischen Stabilisierung. Im Rahmen des Elterntrainings können diese Maßnahmen und notwendigen Interventionen angeregt und eingeleitet werden.

Das muttersprachliche Elterntraining richtet sich an Familien mit Migrations- oder Fluchthintergrund mit Erziehungsfragen, unabhängig vom Aufenthaltsstatus. Alle Familienformen sind miteinbezogen – Elternpaare und Alleinerziehende mit Kindern von 0 bis 13 Jahren.

Das Training berücksichtigt immer die spezifische Lebenssituation der Familie. Speziell ausgebildete, muttersprachliche Elterntrainerinnen und -trainer arbeiten mit den Familien an deren individuellen Herausforderungen, die durch das Leben in verschiedenen Kulturen auftauchen können.

Eltern Aktiv ist eine präventive Maßnahme, in der die Eltern besser verstehen lernen, welche Erwartungen in der deutschen Gesellschaft an sie gestellt werden und wie sie das Verhältnis zu ihren Kindern reicher gestalten können. Die Familie lernt, auf gewaltfreie Weise ihre Beziehungen zueinander zu pflegen. So erhalten die Eltern auch eine Perspektive, wie sie ohne Gewalt erziehen können. Die Methoden des Trainings sind: theoretischer Input, Motto pro Sitzung, Lernen am Modell, Rollenspiele für einen Perspektivenwechsel, Hausaufgaben und Diskussionen entsprechend dem Konzept von Graf (2005). Den Einsatz von Tokenprogrammen bei chronischen Problemen fügten die Autorinnen und Autoren von *Eltern Aktiv* hinzu. Das Training ist in zwölf Module aufgeteilt, die individuell ausgestaltet werden.

Bei den Formulierungen der einzelnen Fragelisten oder verschriftlichten Inputs auf den Plakaten wurde in Absprache mit den verschiedenen muttersprachlichen Elterntrainerinnen und -trainer besonders darauf geachtet, leicht verständliche und damit in viele Sprachen (26) übersetzbare deutsche Formulierungen zu nutzen. Dies hat den Nachteil, dass sowohl auf Begrifflichkeiten – wie Herkunftsland, Heimat – als auch auf verschiedene Erziehungsvorstellungen in Deutschland nicht differenzierter eingegangen werden kann. Auch deshalb ist es immer wieder wichtig, in den Trainingssitzungen eigene Aussagen gemeinsam mit den Eltern zu reflektieren, mit Beispielen zu veranschaulichen sowie ihre Vorstellungen und Bilder eines Begriffs zu erfragen. Der Begriff Heimat lässt sich etwa zwar in viele Sprachen nicht wortwörtlich übersetzen, aber es gibt Umschreibungen für diesen Begriff, häufig ist es der Geburtsort oder das Herkunftsland. Im deutschen Sprachgebrauch spiegelt der Begriff Heimat unterschiedliche Vorstellungen wider, die oft nicht mit einem Ort verbunden sind, sondern vertraute Beziehungen als Heimatgefühl verstehen.

9 Das 5-Module-Modell des Elterntrainings *Eltern Aktiv Refugio München*

9.1 Erfahrungen aus dem Beratungsalltag und Erwartungen an die Flüchtlingseltern

Häufige Gründe, warum geflüchtete Eltern an das Elterntraining *Eltern Aktiv* überwiesen werden, betreffen mangelnde Aufsichtspflicht gegenüber der eigenen Kinder, geringe Beschäftigung mit den Kindern – wie z. B. Spiele spielen, Spielplatzbesuche und andere Freizeitaktivitäten –, übermäßiger Fernseh- und Medienkonsum, fehlende bzw. falsche Reaktionen der Eltern auf das Bindungsverhalten von Babys, gewalttätiges Grenzensetzen, aber auch immer wieder Erziehungsprobleme aufgrund hochstrittiger Elternschaft im Kontext von Trennung und Scheidung.

Auf der Grundlage der Erkenntnisse zu den Auswirkungen einer Migration können viele als auffällig bezeichnete Verhaltensweisen der Eltern ebenso als ein in der Heimat erworbenes und dort funktionierendes Erziehungsverhalten gewertet werden, das nach der Migration entweder den neuen Lebensbedingungen nicht mehr gerecht wird und/oder mit den Regeln in Deutschland nicht vereinbar ist. Darüber hinaus kann natürlich das jeweilige elterliche Erziehungsverhalten, ebenso wie bei deutschen Eltern, Ausdruck von Überforderung nach Krisen und psychischer Erkrankung sein. Dafür bedarf es einer psychologischen Abklärung, um den betroffenen Eltern psychotherapeutische Unterstützung zukommen zu lassen. In manchen Fällen ist parallel zum Elterntraining aus diesem Grund auch therapeutische Hilfe erforderlich.

Zur Veranschaulichung eines möglichen Migrationseffekts kann die mangelnde Aufsicht der Eltern in Deutschland auch damit begründet werden, dass im Herkunftsland neben den Eltern auch Verwandte, Nachbarn, ältere Geschwister und Lehrkräfte für ein Kind einen Erziehungsauftrag übernehmen, mit unterschiedlichen Rollen und Aufgaben. Folglich konnten Kinder im Herkunftsland ohne elterliche Aufsicht draußen spielen, da eine Beaufsichtigung durch andere Bezugspersonen erfolgte. Regelhaftes Verhalten wurde neben den Ermahnungen durch die Familie auch durch das Lernen am Modell verinnerlicht, da das Kind unter Kindern unterschiedlichen Alters aufwuchs, sodass das Lernen über Einsicht nicht die gleiche wichtige Bedeutung hatte wie in der deutschen Erziehung. Grenzen wurden in der Gemeinschaft vermittelt und gesetzt, in der das Kind groß wurde. Den Großeltern kam in der Erziehung der Kinder eine wichtige Rolle zu, vor allem dann, wenn die Eltern die Existenz für die gesamte Familie sichern mussten, z. B. durch Feldarbeit in einer bäuerlichen Gesellschaft.

In Deutschland fragen Flüchtlingskinder ihre Eltern bei der Lösung von Alltagsthemen eher selten um Rat (Gavranidou et al., 2008), möglicherweise, weil Eltern häufig mehr Zeit als ihre Kinder benötigen, um sich im fremden Umfeld zurechtzufinden. Aus diesem Grund kommt den älteren Geschwistern eine besondere Aufgabe bei der Betreuung ihrer jüngeren Brüdern und Schwestern zu. Dabei lässt sich manchmal eine geschlechtsspezifische Aufteilung dieser Aufgabe beobachten, wenn die Söhne eher die Beaufsichtigung und die Töchter die Versorgung ihrer jüngeren Geschwister von den Eltern übertragen bekommen. Allerdings beobachten Elterntrainerinnen und -trainer häufig, dass Töchter beide Aufgaben innehaben, wenn die Brüder problematisches Verhalten zeigen oder jünger sind.

In der Elternberatung ist ein wichtiger Schritt, den Eltern die Auswirkungen der Migration bewusst zu machen, um den Flüchtlingseltern zu vermitteln, dass ihr mitgebrachtes Erziehungsverhalten ursprünglich funktional war, aber nach der Migration in die deutsche Gesellschaft zu Problemen führen kann. Eine togoische Elterntrainerin von *Eltern Aktiv* veranschaulichte diese Veränderung gegenüber einer alleinerziehenden Mutter, die als Witwe mit ihrer Tochter aus dem Kongo nach Deutschland flüchten musste, mit der Aussage: »Jetzt musst du neben deinen mütterlichen Aufgaben auch etwas Oma, etwas Tante, etwas Vater, etwas Onkel sein.«

9.2 Welches Wissen brauchen Flüchtlingseltern?

Um bei dem oben beschriebenen Beispiel zu bleiben, ist es im Anschluss an die Erklärung, welche Auswirkungen Migration auf die Erziehung haben kann, notwendig, zu vermitteln, welche Erwartungen an Eltern in Deutschland üblich sind. Bezogen auf das Beispiel muss etwa über den rechtlichen Begriff der Aufsichtspflicht aufgeklärt werden, damit die alleinige Zuständigkeit der Eltern für ihr Kind, die in Deutschland herrscht, hervorgehoben wird. Dabei hilft die Methode des Interkulturellen Pendelns, in dem immer wieder frühere Erziehungsvorstellungen (Normen und Werte) mit den neuen Erziehungserwartungen der deutschen Gesellschaft verglichen und an die neue Lebenswirklichkeit angepasst werden. Dabei lassen sich oft universelle Motive wie Wünsche, Fürsorge und Ängste identifizieren, jedoch differieren Umgangsformen und Erziehungsmethoden je nach Umweltfaktoren, sozialen Aspekten, religiösen und kulturspezifischen Vorstellungen. Einfacher ausgedrückt: Die meisten Eltern sind weltweit am Wohl ihrer Kinder interessiert, je nach Möglichkeiten und Lebensbedingungen können unterschiedliche Lösungen angemessen und sinnvoll sein. Erziehungsrelevantes Inklusionswissen umfasst daher in der Regel Informationen über bestehende Werte, Normen und gesetzliche Regelungen wie Kindeswohlgefährdung, Scheidung und Sorgerechtsregelung in Deutschland, das Bildungs- und Schulsystem sowie das Gesundheitswesen mit der medizinischen Versorgung. Aufklärung über die Sorgerechtsregelung in Deutschland ist dann notwendig, wenn beispielsweise auch nach der Flucht ein guter Familienzusammenhalt vor Ort besteht, sodass auch Großeltern bei der Erziehung mitwirken können. Im Unterschied zum entsprechenden Herkunftsland besitzen in Deutschland unter normalen Bedingungen nur die Eltern das Sorgerecht und keine anderen Familienangehörige.

Viele Begriffe wie Jugendamt oder Fremdunterbringung sind nicht übersetzbar, da sie auch nicht als Konzepte im Herkunftsland existierten. Umso wichtiger ist es, fremde Begrifflichkeiten wie Kindeswohlgefährdung anschaulich mit konkreten Beispielen zu erklären.

Erfahrungen in der Beratung zeigen, dass sich die geflüchtete Kernfamilie in Deutschland noch häufig von den Vorstellungen der Großfamilie beeinflussen lässt, auch wenn diese noch im Herkunftsland lebt. Zu bestimmten Erziehungsfragen wird immer wieder über Skype der familiäre Rat eingeholt. So können in der Fremde manchmal vertraute Erziehungstipps von der Flüchtlingsfamilie als hilfreich empfunden werden, allerdings besteht der Nachteil darin, dass die Ratgebenden keine Kenntnisse und Erfahrungen über das Leben in Deutschland haben.

Universelle Erziehungsaufgaben – kulturspezifische Lösungen (Keller, 2003)

Das reine Aufzählen von rechtlichen Regelungen und Wertvorstellungen ohne Erläuterungen wirkt belehrend und kann dadurch den Zweck einer hilfreichen Aufklärung verfehlen. Wirkung zeigen Erklärungen erst dann, wenn sie mit dahinterstehenden Motiven und den jeweiligen gesellschaftlichen Zielen verknüpft werden. Der gegenseitige Austausch über Vorstellungen und dahinterliegende Motive für Erziehungsprinzipien auf beiden Seiten gilt dabei als wesentlicher Bestandteil kultursensiblen Handelns (Borke et al., 2015; Abdallah-Steinkopff, 2015) und fördert ein besseres Verständnis füreinander. Dabei wird auch der Blick auf Gemeinsamkeiten in der Erziehung gelenkt, der oft Ängste und Sorgen aller Eltern um ihre Kinder offenbart. Für beobachtetes und nicht nachvollziehbares Erziehungsverhalten ist ausführliches Nachfragen hilfreich, um Aspekte zu erfahren, die flüchtlingsspezifische Ursachen aufzeigen, z. B. gesellschaftliche Überlegungen.

So beschrieben etwa afghanische Eltern in der Therapie ihre Not bei der Erziehung ihrer pubertierenden Tochter: Sie würden sie gern liberal erziehen, da sie selbst in Afghanistan säkulär aufgewachsen seien. Aber da sie keinen sicheren Aufenthaltsstatus hatten und immer mit einer Abschiebung rechnen müssten, hätten sie es für besser befunden, die Tochter strenger zu erziehen: »Wir müssen hier so leben, als ob wir morgen wieder zurückkehren, denn sonst bekommt unsere Tochter nach der Abschiebung in unser Heimatland keinen Zugang mehr zur afghanischen Gesellschaft.«

9.3 Unterschiedliche Migrationsdauer

Die Erfragung und Analyse des Migrationsprozesses ist für die Auswahl und Priorisierung der Themen in Elterntraining und Elternberatung eine wesentliche Voraussetzung. Entscheidend für eine sinnvolle Einschätzung sind die Kenntnis über die Umstände der Migration, z. B. Migration zu unterschiedlichen Zeitpunkten, traumatische Erfahrungen auf der Flucht, und über die Dauer der Migrationserfahrung. Die Exploration des Migrationsprozesses kann sich am Explorationsleitfaden angelehnt an das Phasenmodell von Sluzki (2010) orientieren (siehe Kasten). Die jahrelange, vor allem klinisch-psychologische Expertise zeigt, dass neben der Erhebung von schwierigen Lebensbedingungen, wie unsicherem Aufenthaltsstatus, Wohnbedingungen in Gemeinschaftsunterkünften und Diskriminierungserfahrungen, auch die Erfassung von migrationsbedingten Belastungen notwendig sein kann, um Gründe für psychische Erkrankungen besser zu identifizieren. Dies wird an folgendem Beispiel deutlich:

Eine kosovarische Mutter litt unter einer schweren Depression, die in der Klinik als Folge ihrer traumatischen Kriegserfahrungen verstanden wurde. Eine ausführliche Anamnese unter Berücksichtigung des Migrationsprozesses ergab jedoch, dass sie niemals nach Deutschland flüchten wollte, da sie sich für ihre kranke Mutter im Kosovo verantwortlich fühlte. Ihr Ehemann hatte gegen den Willen seiner Ehefrau entschieden, dass die ganze Familie den Kosovo verlassen sollte, um Schutz in Deutschland zu finden. Zur Behandlung ihrer Depression war daher eine Paarberatung sinnvoller als die zunächst vom Klinikarzt vorgeschlagene Traumatherapie.

Ganz allgemein gehört zur Anamnese die Erhebung von biografischen Daten. Flucht und Migration ist bei Flüchtlingsfamilien, je nach Thematik ihres Problems, unterschiedlich ausführlich von Bedeutung. Der Explorationsleitfaden mit unterschiedlichen thematischen Schwerpunkten ist als Hilfestellung für eine kultursensible Anamnese zu verstehen.

Exploration der verschiedenen Phasen der Migration mit den einzelnen Familienmitgliedern
Umstände vor der Migration:
- Wer in der Familie hat die Entscheidung zur Migration getroffen (Hinweis auf Familienstruktur)?
- Welche Vorkenntnisse über das Zielland bestanden zu dem Zeitpunkt?
- Wie erfolgte die Migration (gesamte Familie oder einzelne Familienmitglieder)?
- Was wurde für die Migration geopfert?
- Welche Verbesserung der eigenen Lebenslage erhoffte man sich?
- Welche Erwartungen haben die Zurückgebliebenen an die auswandernden Familienmitglieder? Wurden seitens der Migrantinnen und Migranten Versprechungen gegenüber den Zurückgebliebenen gemacht?
- Was sollte durch die Migration erreicht werden, und was sollte nicht dadurch geschehen?
- Was wurde für die Zeit der Trennung vereinbart?
- Wie war die Lebensplanung vor der Entscheidung zur Migration?
- Wie war die Lebensplanung nach der Entscheidung?
- Wie erfolgte der Abschied?

Umstände während der Migration:
- Gab es schwierige Erfahrungen?
- Gab es zeitweilige und ungeplante Trennungen der Familienmitglieder?

Umstände nach Ankunft im neuen Land:
- Wie waren die Umstände in der ersten Zeit nach der Ankunft im neuen Land?
- Deckten sich die Erwartungen mit der Realität?
- Welche Informationen gab es zur Lebenssituation im neuen Land und von wem?
- Gab es Veränderungen in der Familienstruktur?
- Was waren besondere Belastungen, was waren besondere Ressourcen?
- Welche Hilfestellungen hätte man gebraucht?
- Wie waren die Kontakte in das Herkunftsland?

Umstände zum gegenwärtigen Zeitpunkt:
- Wo ist man nahe der Heimat, wo fern davon?
- Wo hat man sich an die »deutsche Lebensweise« angepasst, was sind die eigenen kulturellen Wurzeln?
- Wo ist der eigene Lebensmittelpunkt?
- Welche Verbindung hat man zur Herkunftsland?
- Was empfindet man als die Heimat, was als das Zuhause?
- Was hat man von eigenen und fremden Erwartungen erfüllt, was nicht?

Zukunftsfragen:
- Gibt es Pläne für eine Rückkehr?
- Wo möchte man alt werden?

Eltern Aktiv wurde als Präventionsprogramm konzipiert und war zunächst auf die Bedarfe der neu angekommenen Flüchtlingsfamilien zugeschnitten. Aufgrund des umfassenden muttersprachlichen Angebots von Refugio München ohne entsprechende alternative Trainingsangebote in München wurden im Laufe der letzten Jahre zunehmend auch Familien mit langjähriger Migrationserfahrung an *Eltern Aktiv* überwiesen, sodass konzeptuelle Modifikationen für das Trainingsmanual, aber auch für die Aus- und Weiterbildung der Elterntrainerinnen und -trainer in Erwägung gezogen werden müssen, um den spezifischen Problemen dieser Familien gerecht zu werden. Allerdings soll der Kernpunkt von *Eltern Aktiv Refugio* entsprechend der Zielsetzung des Konzepts von Graf (2005) weiterhin als Prävention von möglichen Erziehungskonflikten bei Flüchtlingsfamilien nach ihrer Ankunft in Deutschland verstanden werden. In Anlehnung an das Phasenmodell eines Migrationsprozesses unterscheidet *Eltern Aktiv* zwischen zwei Zielgruppen, die unterschiedliche zu berücksichtigende Themen haben.

Zwei Zielgruppen des Elterntrainings

Neu angekommene Flüchtlingseltern:
- Mangelnde Deutschkenntnisse
- Belastungen durch Traumafolgestörungen
- Fehlende Kenntnisse über erziehungsrelevante Aspekte in Deutschland
- Fehlende Unterstützung durch vertraute Netzwerke (Familienangehörige, Nachbarschaft)
- Belastungen durch Migrationsprozesse
- Umgang mit beginnenden Erziehungskonflikten, die nach der Migration auftraten

Zugewanderte mit langer Migrationserfahrung:
- Schlechte Deutschkenntnisse
- Niedriger Bildungsstand
- Finanzielle Not
- Fehlende Unterstützungsnetzwerke
- Diffuse Werteorientierung in der Familie
- Problematisches Bindungsverhalten (verwöhnend versus bestrafend)

- Langandauernde schwierige Lebensumstände
- Umgang mit chronifizierten Erziehungskonflikten
- Schwierige oder zerrüttete Familienverhältnisse

9.4 Einsatz von muttersprachlichen Trainerinnen und Trainern

Die Trainings von *Eltern Aktiv* umfassen zwölf Sitzungen mit je zwei Präsenzstunden und werden entweder individuell vor Ort in den Familien oder in Form von Gruppen abgehalten. Die Gruppen können in den Räumlichkeiten von Refugio oder in einer anderen Einrichtung stattfinden. *Eltern Aktiv* wird von muttersprachlichen Elterntrainerinnen und -trainern mit pädagogischer oder psychologischer Hochschulausbildung durchgeführt und von Refugio durch erfahrene Elterntrainerinnen und -trainer innerhalb von fünf Wochenend-Blockseminaren geschult. Durch die Auseinandersetzung mit der eigenen Migration bringen die Elterntrainerinnen und -trainer ein hohes Maß an interkultureller Kompetenz in die Arbeit ein und erreichen so eine hohe Akzeptanz der Trainingsinhalte bei den Eltern. Die Elterntrainerinnen und -trainer erfüllen zudem eine wichtige Vorbildfunktion für einen adäquaten Umgang mit migrationsspezifischen und erziehungsrelevanten Themen. Die Muttersprachlichkeit sorgt für eine reibungslose Verständigung. Flüchtlingseltern geben häufig nach Durchführung des Elterntrainings an, dass die Unterstützung durch Elterntrainerinnen bzw. -trainer hilfreich war, da diese die ursprünglichen Lebensbedingungen kannten.

9.5 Gesellschaftspolitische Leitgedanken für *Eltern Aktiv*

Ausgegangen wurde im Kontext der Migrationsforschung lange Zeit vom Ansatz der *Integration* (Konzept von Berry, 1990), der zumindest in seinen älteren Bedeutungen einzig ein Leistungsprinzip und eine Aufforderung an den jeweiligen Migranten beinhaltet, sich durch individuelle Anstrengung in die Gesellschaft zu integrieren (Keuchel, 2015). Wobei häufig Formen der strukturellen Ausgrenzung und Benachteiligung, wie beispielsweise im deutschen Schulsystem, ignoriert wurden. Problematisch beim Integrationsbegriff ist ein starres Gesellschaftsmodell: Das zu integrierende Individuum bzw. die zu integrierende soziale Gruppe – hier die Migrantinnen und Migranten – wird einer als homogen vorgestellten deutschen Mehrheitsgesellschaft gegenübergestellt (vgl. Geisen, 2010). Auf dieser Basis werden Einteilungen vorgenommen, z. B. die Unterscheidung zwischen »den Einheimischen« und »den Ausländerinnen und Ausländern«, »den Integrierten« und »den Nicht-Integrierten«. Als Problem zeigt sich, dass der dominante Integrationsdiskurs immer noch und immer wieder suggeriert, Migration sei eine Abweichung von der Norm, die durch Migrations- und Integrationspolitik geregelt werden könne und müsse. Entgegen dieser Auffassung betonen große Teile der gegenwärtigen Migrationsforschung die Notwendigkeit der Normalisierung von migrationsbedingter Heterogenität und fordern unter anderem, dass Migrationspolitik als Gesellschaftspolitik für alle verstanden werden müsse (vgl. Bade u. Oltmer, 2004). Hinter dieser Vorstellung steht ein Gesellschaftsmodell, das sich durch Diversität auszeichnet. In diesem Zusammenhang sind neuere Gesellschaftsstudien, die sogenannten Milieustudien (vgl. Schulze, 1992; Sinus Sociovision, 2008) bei Menschen mit Migrationshintergrund entstanden, die sich weg entwickeln von der alleinigen Orientierung an ethnischer und nationaler Zugehörigkeit und hin zu einer komplexeren Betrachtungsweise und auch sozial bzw. religiös definierte Werteorientierungen oder Konsumgewohnheiten berücksichtigen.

Inklusion als aktuelles Modell geht von Diversität oder auch Heterogenität in der Gesellschaft aus und versteht das Ankommen der Migrantinnen und Migranten in der deutschen Gesellschaft als einen beidseitigen Prozess, zu dem auch die Aufnahmegesellschaft etwas beitragen muss. Ihre Aufgabe besteht darin, Strukturen zu schaffen, die zugewanderten Menschen eine Teilhabe am gesellschaftlichen Leben ermöglichen. Dazu wird die grundlegende Überprüfung der strukturellen Exklusion gefordert, die Migrantinnen und Migranten nicht von vornherein gleiche Chancen einräumt, sei es in der Schule, auf dem Arbeitsmarkt oder bei der Wohnungssuche, indem strukturelle Diskriminierungen ausgeräumt werden (Europäische Akademie für Inklusion, 2018; s. Abbildung 3).

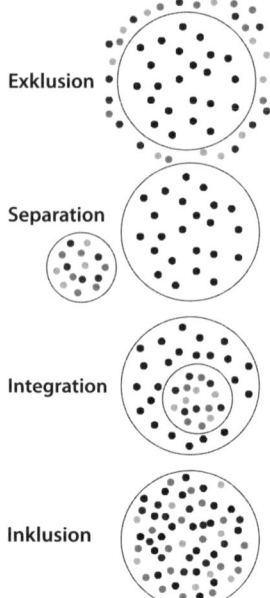

Abbildung 3: Bildhafte Darstellung von Begriffen wie Exklusion, Separation, Integration und Inklusion

Gegenwärtig werden in Deutschland in den gesellschaftspolitischen Diskursen Begriffe wie »Probleme« und »Risiken« mit geflüchteten Menschen assoziiert und deren besondere Fähigkeiten, die sie durch die Kenntnis mehrerer Sprachen und Kulturen erworben haben, nicht als Gewinn an Vielfalt und Bereicherung verstanden. Diese Ressourcen zu erkennen, aufzugreifen und zu berücksichtigen, gilt jedoch als eine wesentliche Voraussetzung für eine effektive Beratung von Geflüchteten; der alleinige Fokus auf problemhaftes Verhalten muss dagegen als Zeichen mangelnder Professionalität gewertet werden.

Als Beschreibung des gesellschaftspolitischen Auftrags, der dem Elterntraining *Eltern Aktiv* zugrunde liegt, kann als Ziel einer gelungenen Inklusion »die möglichst chancengleiche Teilhabe an zentralen Bereichen des gesellschaftlichen Lebens« verstanden werden (Sachverständigenrat deutscher Stiftungen für Integration und Migration, 2010, S. 13). Dazu gehören Bereiche wie »frühkindliche Erziehung, schulische Bildung, berufliche Ausbildung, Zugang zum Arbeitsmarkt, Teilhabe an den rechtlichen und sozialen Sicherungs- und Schutzsystemen, bis hin zur (statusabhängigen) politischen Teilhabe« (Bade, 2012, S. 2).

Die Befähigung zur Teilhabe am gesellschaftlichen Leben setzt für neu angekommene Flüchtlingsfamilien ein spezifisches Wissen über das Leben in Deutschland voraus. Das Angebot von *Eltern Aktiv* zur Reflexion des eigenen und des in Deutschland erwarteten Erziehungsverhaltens gleich zu Beginn des Migrationsprozesses kann dafür ein hilfreicher erster Schritt sein. Die Vermittlung von Methoden und Vorgehensweisen, die in Deutschland als bewährte Erziehungspraxis gelten, bietet für geflüchtete Eltern die Grundlage, sich mit beiden Erziehungskonzepten bewusst auseinanderzusetzen.

9.6 Inhaltlicher Aufbau – spezielle flüchtlingsrelevante Themen und Beziehungsgestaltung

Die Auswahl von flüchtlingsrelevanten Themen basiert auf spezifischen Themen, die in den vorhergehenden Kapiteln beschrieben wurden, wie die Verbundenheitsorientierung vieler Flüchtlingsfamilien mit unterschiedlich geprägten Selbstdefinitionen und Erziehungszielen, die Auswirkungen der Migration auf die Familiendynamik sowie besondere Postmigrationsstressoren bei Flüchtlingen mit gesichertem und ungesichertem Aufenthaltsstatus.

Die erzwungene Migration in ein fremdes Land mit anderen gesellschaftlichen und kulturellen Strukturen erfordert von den Familien neue Strategien für neue Herausforderungen sowie neue Erziehungsaufgaben, ohne das gewohnte familiäre Netzwerk als Unterstützung zu haben. Der Wandel vollzieht sich abrupt, ohne Übergang und ohne jegliche Vorbereitung. Eine universelle Aufgabe von Eltern weltweit besteht darin, ihren Kindern den Weg in die bestehende Gesellschaft zu weisen. Daher brauchen Eltern Kenntnisse über wesentliche Werte, Normen und Regeln, aber auch über erziehungs- und gesundheitsrelevante Institutionen der neuen Gesellschaft. Als Kernfamilie oder Alleinerziehende muss die Beziehung und Bindung zu den Kindern den veränderten Lebensbedingungen gerecht werden. Besonders das angemessene Reagieren der Flüchtlingseltern auf die Bindungssignale ihrer Kinder gestaltet sich in der Großfamilie anders als in der Kernfamilie. Gängige Methoden zur Beziehungsgestaltung aus deutschen Trainingsmanualen sind daher in der Regel gut anwendbar, da sie auf die Erziehung innerhalb der Kernfamilie ausgerichtet sind.

Im Kontext eines großfamiliären Lebens kann eine Mutter während des Kochens beispielsweise ihr Kind über den

Hof hinweg zu einer Handlung auffordern, ohne die eigene Tätigkeit zu unterbrechen, da ihre Ermahnung von anderen Angehörigen an das Kind wiederholt, weitergeben und dadurch bekräftigt wird. Nach der Migration ist es sinnvoll für die Eltern, zu begreifen, welche Beziehungsgestaltung für ihre Erziehung zielführend ist, wenn sie die alleinige Verantwortung haben. Im Elternratgeber wird ein hilfreiches Vorgehen bei einer Konfliktlösung an einem Beispiel nach Graf (2005, S. 91) veranschaulicht: Ein Fünfjähriger lässt ein nasses Badetuch auf seinem Bett liegen und geht spielen.

> **Folgende Schritte der Eltern sind für eine positive Konfliktlösung hilfreich:**
>
> 1. Ich unterbreche das, was ich gerade tue.
> 2. Ich wende mich meinem Kind zu (z. B. auf Augenhöhe gehen, anschauen, evtl. Körperkontakt).
> 3. Ich zeige Interesse für das, was mein Kind gerade macht (z. B. »Ich sehe, du hast mit Lego ein Haus gebaut. Das ist schön geworden«).
> 4. Ich sage dem Kind, was ich beobachtet habe bzw. wahrnehme (z. B. »Ich habe gesehen, dass du das nasse Handtuch auf das Bett gelegt hast«).
> 5. Ich formuliere positiv für das Kind, was es jetzt machen soll (z. B. »Ich wünsche mir, dass du kurz aufstehst, das Handtuch vom Bett nimmst und es über die Heizung hängst«).

In Abbildung 4 sind die Module des Elterntrainings *Eltern Aktiv* aufgeführt. Die Themen des Elterntrainings sind in der Übersicht aufgelistet. Zu Beginn des Elterntrainings wird je nach Dringlichkeit mit den entsprechenden Themen begonnen. Allerdings sollte bei den Modulen »Bindungsgestaltung« und »Gewaltfreie Kommunikation« der chronologische Aufbau eingehalten werden, da die einzelnen Schritte aufeinander aufbauen. Auch hat es sich bewährt, zu Beginn des Trainings den interkulturellen Wertekompass zu erstellen.

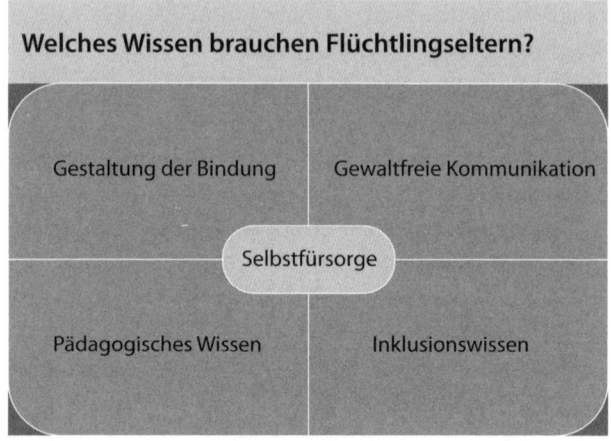

Abbildung 4: Module des Elterntrainings *Eltern Aktiv* (in veränderter Form aus dem unveröffentlichten Elterntrainingsmanual *Eltern Aktiv Refugio München,* Budimlic u. Abdallah-Steinkopff, 2015)

Themen des Elterntrainings *Eltern Aktiv*
1. Kulturspezifische Aspekte
- Analyse migrationsbedingter Probleme und ihre Auswirkungen auf die Eltern-Kind-Beziehung
- Reflexion eigener Erziehungsziele im interkulturellen Kontext zur Entwicklung eines interkulturellen Wertekompasses
- Darstellung der kindlichen Entwicklung bei Kindern in Deutschland und in anderen Herkunftsländern hinsichtlich der körperlichen Entwicklung, Sauberkeitserziehung, Pubertät, geschlechtsspezifischen Entwicklung
- Beschreibung der Auswirkungen von unangemessenem Gebrauch verschiedener Medien

- Information über Kita und Schulsystem, Gesundheit, Ernährung und Bewegung, Freizeitgestaltung
- Regelungen bei Trennung und Scheidung, insbesondere die Sorgerechtsregelung im Vergleich zwischen dem Herkunftsland und Deutschland
- Analyse von körperlichen Gefahren im Alltag sowohl im Haushalt (z. B. Steckdosen, Küchengeräte) als auch im Umfeld (z. B. sexueller Missbrauch, Straßenverkehr)

2. Bindungsspezifische Aspekte
- Die Kunst, dem Kind angemessene Aufmerksamkeit zu geben und angemessen zu loben
- Unangenehme Gefühle (z. B. Wut, Trauer) des Kindes erkennen, spiegeln und angemessen darauf eingehen
- Teufelskreis der Aggressionen erkennen und mit entsprechenden Verhaltensweisen unterbrechen
- Liebevoll Grenzen setzen

3. Konfliktfreie Erziehung
- Umgang mit akuten Konflikten im Erziehungsalltag
- Umgang mit chronifizierten und sich wiederholenden Konflikten im Erziehungsalltag

9.7 Zur Einführung in das Elterntraining

Die Eltern über die Ziele des Trainings *Eltern Aktiv* aufzuklären, ist für die Bereitschaft zur Teilnahme besonders wichtig, da eine Aufforderung zur Teilnahme von den Eltern oft als Zweifel an ihrer Erziehungsfähigkeit verstanden und daher als Kränkung empfunden werden kann. Die Kernaussage zur Begründung des Elterntrainings bezieht sich auf die Folgen einer Migration und auf die Notwendigkeit, die neuen Lebensbedingungen besser zu verstehen, um die Kinder im Einklang mit eigenen Werten gut auf das Leben in Deutschland vorzubereiten.

Mit folgenden einführenden Sätzen kann das Elterntraining als hilfreiche Maßnahme vorgestellt werden:

»Alle Eltern lieben ihre Kinder, und alle Eltern bemühen sich, ihren Kindern das Beste zu geben. Dennoch ist es ganz normal, dass es in der Familie Momente gibt, in denen die Kinder uns auf die Nerven gehen und uns an die Grenze unserer Geduld bringen. Gerade weil wir die Kinder lieben, sind wir besonders verletzlich, wenn sie uns enttäuschen.

In ihrem Alltag haben vor allem Eltern viel Stress und Hektik, und da passiert es leicht, dass sie nervös sind und für die Kinder wenig Geduld aufbringen können. Das merken die Kinder, und sie fordern Aufmerksamkeit auf ihre Weise, indem sie Konflikte provozieren.

Wir erarbeiten hier im Kurs gemeinsam vieles, was hilfreich ist, um solche Schwierigkeiten in der Familie besser lösen zu können.

Damit Sie das, was Sie wissen, auch wirklich anwenden können, werden wir in diesem Kurs viele Übungen machen: Wir werden zusammen üben, wie wir mit unseren Kindern umgehen können, damit es in der Familie weniger Stress und mehr Freude gibt.«

Im Rahmen dieser Einführung in das Elterntraining ist auch darauf hinzuweisen, dass nach der Migration der Wechsel von der Großfamilie hin zur Kernfamilie dazu führt, dass Eltern im deutschen Alltag ohne die gewohnte Unterstützung durch ihre Familienangehörigen alleine für die Erziehung ihrer Kinder und für die Gestaltung einer guten Bindung verantwortlich sind. Ihr Bindungs- und Erziehungsverhalten muss daher an die neue familiäre Situation angepasst werden. Hierfür ist es wichtig, mehr darüber zu erfahren, was man in Deutschland von Eltern erwartet und welche Unterstützungssysteme es für Eltern gibt.

Ein wichtiger Grundsatz in der Erziehung ist, dass alle Gefühle erlaubt sind, aber nicht jedes Verhalten (Graf, 2005, S. 98).

9.8 Entwicklung eines persönlichen interkulturellen Wegweisers

Die Erarbeitung eines interkulturellen Wegweisers ist die Grundlage für das weitere Vorgehen im Elterntraining. Sozialisationsziele sind abhängig von den kulturell geprägten Menschenbildern, die für das Funktionieren einer Gesellschaft wichtig sind. Orientiert am ökokulturellen Entwicklungsmodell von Keller (2007) lassen sich zwei Konzepte herausarbeiten, die Unterschiede zwischen den Kulturen systematisieren: Autonomie und Relationalität bzw. Verbundenheit (Keller, 2011; Keller u. Kärtner, 2013). Beide stellen grundlegende menschliche Bedürfnisse dar, die in Abhängigkeit vom jeweiligen Lebenskontext mit unterschiedlicher Gewichtung gelebt werden (Borke et al., 2015). Entlang dieser Konzepte werden entsprechende Eigenschaften von Eltern angegeben, die sie sich bei ihrem Kind wünschen. Da viele Flüchtlingsfamilien aus eher verbundenheitsorientierten Gesellschaften stammen, bevorzugen sie häufig Eigenschaften wie Gehorsam, ruhig, hilfsbereit und gastfreundlich sein oder Respekt gegenüber dem Alter haben. Eigenschaften, die in der autonomieorientierten deutschen Gesellschaft priorisiert werden, wie selbstständig, selbstsicher, konfliktfähig oder entscheidungsfähig sein, finden sich – wie die Erfahrungen aus dem Elterntraining zeigen – nur selten in der Auflistung.

Nachfolgend wird die Vorgehensweise entsprechend dem Trainingsmanual des Elterntrainings *Eltern Aktiv* bei der Erarbeitung dieses interkulturellen Wegweisers vorgestellt.

9.9 Ziele in der Erziehung

Das Leitmotiv dieser Trainingseinheit lautet: Zu was für einem Menschen möchte ich mein Kind erziehen (vgl. Graf, 2005, S. 30)? Sowohl im Gruppen- als auch im Einzelsetting werden folgende Fragen bearbeitet (s. Kasten). Die Ziele können während des Gesprächs auf einem Plakat oder Flipchart notiert werden, um Gemeinsamkeiten und Unterschiede im Gruppensetting zu verdeutlichen.

Bei dem Erfassen von Wertvorstellungen bezüglich der Herkunftsgesellschaft wird vorher erfragt, auf welche Normen und Werte sich beispielsweise afghanische Eltern beziehen möchten, wenn sie bereits lange Zeit, wie es bei vielen afghanischen Flüchtlingen der Fall ist, im Iran gelebt haben. Auf diese Weise ist unter Herkunftskultur nicht automatisch das Geburtsland zu verstehen.

> **Individuelle Ziele der Familie sollen identifiziert werden:**
> Was ist für mich besonders wichtig und wertvoll in meiner Familie, und welche Ziele habe ich?
> Welche Werte und Ziele waren meinen Eltern wichtig?
> Was soll mein Kind später einmal in seiner eigenen Familie genauso machen?
> Welche Stärken und Fähigkeiten wird mein Kind brauchen, wenn es erwachsen ist? Wie kann ich mein Kind dabei unterstützen? (Vgl. Graf, 2005, S. 28, 30)

> **Fragen, die eine Erziehung zwischen mehreren Kulturen thematisiert:**
> Welche Ziele sind in der Herkunftsgesellschaft wichtig?
> Welche Pflichten hatte/hätte ich als Elternteil in meiner Herkunftsgesellschaft?
> Welche Aufgaben sind von anderen Familienmitgliedern in der Heimat übernommen worden?
> Welche Werte und Ziele sind für mich in Deutschland für die Erziehung meiner Kinder wichtig?

Falls das Erfragen von Zielen und Werten zu keinem Ergebnis führt und die Eltern nichts Konkretes angeben können, werden ihnen Listen mit möglichen Zielen zur Orientierung zur Verfügung gestellt (s. Tabelle 2), mit der Bitte, nicht mehr als vier Begriffe anzugeben.

Tabelle 2: Mögliche Erziehungsziele: »Mein Kind soll ... werden/haben« (vereinfachte Version nach Graf, 2005, S. 30 aus dem unveröffentlichten Elterntrainingsmanual *Eltern Aktiv Refugio München,* © Krasniqi u. Abdallah-Steinkopff, 2015)

intelligent	geduldig	pünktlich
ausgeglichen	gehorsam	religiös
belastbar	gerechtigkeits-	respektvoll gegen-
beliebt	liebend	über Erwachsenen
dankbar	hilfsbereit	rücksichtsvoll
diszipliniert	humorvoll	ruhig
ehrgeizig	konfliktfähig	selbstständig
energisch	kreativ	selbstbewusst
entscheidungsfähig	liebevoll	selbstverantwortlich
erfolgreich	lustig	verantwortungs-
fair	mitfühlend	bewusst
fantasievoll	mutig	verständnisvoll
gastfreundlich	fleißig	vertrauenswürdig
gute Manieren	ordnungsliebend	zuversichtlich

Häufig genannte Erziehungsziele bei Flüchtlingsfamilien lauten: Mein Kind soll intelligent, gastfreundlich, gehorsam, hilfsbereit, fleißig, religiös, respektvoll gegenüber Erwachsenen und ruhig sein bzw. werden.

9.10 Anregungen für zu Hause

Das Blatt »Wegweiser« wird im Elterntraining als Grundlage für die Hausaufgabe (vgl. Graf, 2005, S. 32) mitgegeben. Besprochen wird diese Aufgabe sinngemäß mit folgenden Worten: »*Wir möchten Ihnen als Hausaufgabe mitgeben, sich über die Frage, über die Sie sich jetzt selbst Gedanken gemacht haben, mit Ihrem Partner und all Ihren Kindern auseinanderzusetzen. Wichtig ist, dass jeder gehört wird und jeder seine Ideen einbringen darf. Für Kinder ist es in der Regel eine wunderbare Erfahrung, zu merken, dass ihre Ideen und Vorstellungen wertgeschätzt werden und wichtig sind. Lassen Sie sich viel Zeit.*«

Wegweiser
Ziele und Werte, die uns in der Familie wichtig sind (was man nicht mit Geld kaufen kann):

- _____

- _____

- _____

- _____

Hausaufgabe:
Sprechen Sie zu Hause mit Ihrer Partnerin bzw. Ihrem Partner und den Kindern darüber:

1. Was wünschen wir für unsere Familie, was man nicht mit Geld kaufen kann?
2. Was wünschen die Eltern für die Kinder?
3. Was brauchen die Kinder von ihren Eltern?
4. Was wollen wir aus unserem Land beibehalten?
5. Was wollen wir von dem übernehmen, was im Kindergarten, in Schulen und anderen erziehungsrelevanten Einrichtungen erwartet wird?
6. Was braucht mein Kind, um in Deutschland gut zurechtzukommen?

Auch bei diesen Erwartungen ist zu berücksichtigen, dass sie einem pädagogischen Ideal entsprechen, dem deutsche Eltern je nach sozialer Zugehörigkeit, Bildungsstand und Einkommen auch nur in unterschiedlicher Weise gerecht werden.

Beide Vorgehensweisen – Wegweiser und das Fragen nach Erziehungszielen – bieten sich bei Familien mit einem höheren Bildungsgrad an. Bildungsfernere Familien tun sich bei Aufgabenstellungen schwer, die ein gewisses Abstraktionsvermögen erfordern. Für diese Elterngruppe sollte die Suche nach familiären Werten in Bezug auf bestimmte Handlungen oder Situationen gesetzt werden, um es für die Eltern anschaulicher und konkreter zu machen (Beispiel: Wie soll sich Ihr Kind gegenüber den Familienangehörigen, Gleichaltrigen, älteren Personen usw. verhalten?). Dieses Vorgehen mit konkreten Bezügen gilt sowohl für die Einheit mit der Elterntrainerin bzw. dem Elterntrainer und für die Hausaufgabe.

> **Kindererziehung: Ziele und Werte**
>
> Alle Eltern haben ein Ziel, das sie bei der Erziehung ihrer Kinder erreichen wollen. Sie wollen z. B. dass das Kind intelligent, gehorsam, respektvoll, fleißig, mutig, selbstständig, religiös und hilfsbereit wird. Je nach Kultur sind einige Werte, die die Eltern ihren Kindern weitergeben wollen, wichtiger als andere, z. B. ist für einige Kulturen die Gemeinschaft wichtiger als das Individuum.
>
> Aufgrund einer Migration kann es in der Erziehung zu Widersprüchen kommen zwischen den Werten aus der Heimat und dem Land, in dem die Eltern jetzt leben. Diese können sich unter Umständen destabilisierend auf das Familiensystem auswirken. Besonders förderlich und unterstützend für eine Neuorientierung in der Erziehung ist daher die Gestaltung eines interkulturellen Wegweisers, der mitgebrachte Werte und Werte der deutschen Gesellschaft berücksichtigt.

9.11 Statements über Kindererziehung und Familienleben

Als hilfreiche Anregung für eine Diskussion zum Thema Erziehung bieten sich die nachfolgenden Statements zur gemeinsamen Reflexion an. Jedes Statement gemeinsam durchzugehen, ermöglicht eine Diskussion über die eigene Haltung und Meinung der Eltern dazu (in Anlehnung an Graf, 2005, S. 12–14). Flüchtlingseltern können ihrer Herkunftskultur entsprechend Statements ergänzen und auch die Beantwortung ihren Vorstellungen entsprechend formulieren, da die von Graf (12 ff.) vorgegebenen Antworten eher eine westliche Haltung widerspiegeln. Dabei entstehen oft Diskussionen darüber, worin die Gründe für die verschiedenen Meinungen liegen und was sich möglicherweise aufgrund der Migration und des Lebens in Deutschland verändert hat oder eventuell auch verändern wird.

- Eltern müssen sich für ihre Kinder aufopfern, ihre eigenen Bedürfnisse sind nicht so wichtig.
  Antwort: Eigene Batterien aufladen, »wer nichts hat, kann nichts geben«.
- Eltern dürfen sich nicht entschuldigen, sie dürfen nie zeigen, dass sie Fehler machen.
  Antwort: Kinder lernen selbst, sich zu entschuldigen, zu viel Druck für die Eltern, »Eltern sind auch nur Menschen«.
- Wenn ein Kind traurig ist, soll man es sofort ablenken, damit es an etwas anderes denkt.
  Antwort: Unangenehme Gefühle werden kleiner und verfliegen, wenn wir darauf eingehen.
- Wenn ein Kind wütend ist, soll man es am besten gar nicht beachten.
  Antwort: Die Wut wird noch größer, und das Kind fordert negative Aufmerksamkeit.
- Man muss Kinder ausschimpfen, anschreien und schlagen, damit sie wissen, wo ihre Grenzen sind.
  Antwort: Je aggressiver die Eltern werden, desto weniger Einfluss haben sie auf ihre Kinder. Nachteil für die Kinder: Sie fühlen sich gedemütigt, abgelehnt, bekommen Angst vor den Eltern, entwickeln wenig Selbstwertgefühl und schlagen selbst.
- Bei Streitigkeiten muss immer einer seinen Willen durchsetzen, und der andere muss nachgeben.
  Antwort: Es gibt einen Verlierer, der sich hilflos bzw. ohnmächtig fühlt. Wichtig ist, dass wir Situationen schaffen, bei denen beide gewinnen.
- Man kann gleichzeitig kochen, Fernsehen schauen und auf sein Kind eingehen.
  Antwort: Bei geteilter Aufmerksamkeit bekommt das Kind das

Gefühl, dass es nicht wichtig ist und kann Aufmerksamkeit auf unangenehme Weise fordern.
- Eine Partnerin bzw. ein Partner ist nur gut, wenn man für sie bzw. ihn nichts machen muss.
Antwort: Liebe will gepflegt sein! (Liebe ist wie eine Blume: Wenn wir sie pflegen, blüht sie auf.)

10 Methoden des Elterntrainings

Die Elterntrainerinnen und -trainer nutzen verschiedene Methoden in den einzelnen Sitzungen. Dazu gehört der Einsatz von Plakaten mit wichtigen Aussagen, auf die man sich im Verlauf des Trainings immer wieder beziehen kann. Diskussionsrunden im Gruppensetting ermöglichen den Austausch unter den Eltern über Sorgen und Befürchtungen, die die Erziehung ihrer Kinder betreffen. Gleichzeitig können auch im gegenseitigen Austausch eigene Lösungsansätze und hilfreiche Ideen besprochen werden. Aufgaben zur Umsetzung des Gelernten im Erziehungsalltag sowie von Elterntrainerinnen und -trainer vermittelte Transferhilfen dienen dazu, Verhaltensänderungen im Alltag einzuüben.

Eingeleitet wird fast jede Sitzung mit einem theoretischen Input zum jeweiligen Thema. Zum besseren Verständnis sollten theoretische Konzepte immer an Beispielen veranschaulicht und Fachbegriffe vermieden werden.

Oft werden auch Rollenspiele eingesetzt. Die Rollenspiele sind hierarchisch nach aufeinander aufbauenden Schwierigkeitsgraden gestaltet und dienen als Vorbereitung auf reale Erziehungssituationen. So sind beispielsweise konflikthafte Erziehungssituationen in der Hierarchie weit oben angesiedelt (gewaltfreie Kommunikation). Die Rückmeldungen, die die Elterntrainerin bzw. der Elterntrainer im Anschluss an das Rollenspiel gibt, beziehen sich auf die bereits festgelegten Ziele. Beispiel: »Sie haben die Hand Ihres Kindes genommen, sind auf die Augenhöhe des Kindes gegangen.«

Mit den Rollenspielen sollen folgende Lernziele erreicht werden:

- Erweiterung des Wahrnehmungsspektrums der Eltern (Fokus auf das positive Verhalten und auf das, was bisher gut funktioniert)
- Verbesserung der Empathie (Perspektivenwechsel durch Rollentausch; Was fühle ich, was denke ich, und was mache ich als Kind/als Elternteil?; Gefühle des Gegenübers besser wahrnehmen und benennen; Beispiel: Wie ist es, kein Lob zu bekommen?)
- Die emotionale Selbstwahrnehmung verbessern (Selbstfürsorge, eigene Gefühle und Bedürfnisse und die des Kindes akzeptieren lernen)
- Erlernen neuer Verhaltensweisen durch Einüben und Hausaufgaben
- Übermäßig starke Reaktionen reduzieren/abbauen (»Unterbrechen des Teufelskreises«)
- Möglichkeit des Modelllernens

11 Schwierigkeiten bei der Durchführung des Elterntrainings

Schwierigkeiten bei der Durchführung des Elterntrainings werden sowohl aufseiten der geflüchteten Eltern als auch der Elterntrainerinnen und -trainer beobachtet. Neben diesen personenbezogenen Aspekten werden auch strukturelle Aspekte vorgestellt, die eine Durchführung des Trainings erheblich erschweren können.

11.1 Schonverhalten und Versorgung der Flüchtlingseltern

Familien werden während kriegerischer Auseinandersetzungen oder auf der Flucht häufig voneinander getrennt und wissen über einen längeren Zeitraum nichts über den Verbleib der Angehörigen. Nach diesen traumatischen Erlebnissen bleibt die Angst in den Familien bestehen, die Kinder, Ehepartnerinnen bzw. -partner oder Eltern wieder »aus den Augen zu verlieren«. Das Bedürfnis nach massiver Kontrolle als Folge dieser traumatischen Erfahrungen kann die Eltern daran hindern, die zunehmende Selbstständigkeit ihrer Kinder zuzulassen. Viele Eltern berichten über die schwierigen Jahre der Flucht, in denen ihre Kinder keinen Raum für eine unbeschwerte Kindheit hatten. Nach der Ankunft in Deutschland möchten sie ihren Kindern jeden Wunsch von den Augen ablesen, sie verwöhnen und haben Schwierigkeiten, ihnen Grenzen zu setzen. Beispielsweise kritisieren Erzieherinnen bzw. Erzieher und Lehrkräfte aus Grundschulen häufig die ungesunde Ernährung der Flüchtlingskinder. Deren Eltern haben jedoch das Bedürfnis, ihren Kindern alles zu bieten, was sie sich wünschen, und das sind häufig Süßigkeiten und gesüßte Säfte. Zu bedenken ist, dass Flüchtlingseltern ihre Kinder im Herkunftsland oft gesünder ernährt haben als in Deutschland. Durch das unüberschaubare Angebot an Getränken, Süßigkeiten und Backwaren sind viele Flüchtlingseltern überfordert beim Einkauf und überlassen die Auswahl ihren Kindern. Aus diesen Gründen bezieht sich ein Thema des Elterntrainings auf gesunde Ernährung. Oft erwartet man in den verschiedenen Einrichtungen, dass Kinder Pausenbrote mit Obst von daheim mitbringen. Brote als Pausenmahlzeiten mitzubringen, erfreut sich in Deutschland großer Beliebtheit, ist aber in anderen Ländern oft unbekannt. Andere Ernährungsgewohnheiten, wie beispielsweise heiße Suppe oder Reisbällchen zum Frühstück, und die Aufnahme des Essens mit Händen, Stäbchen, Brot und Besteck sind zu berücksichtigen, da sie sonst zu häufig zu Missverständnissen führen, wenn z. B. Kinder anders als die deutschen Kinder manchmal Reisbällchen mit Gemüse für die Schulpause mitbringen. In den Kitas wird das unselbstständige Essen der Kinder, oft nur mit den Händen, bemängelt. Das lange Füttern von Kindern in den ersten fünf Lebensjahren wird in vielen Herkunftsländern als Zeichen einer guten Bindung zwischen Mutter und Kind sowie als mütterliche Fürsorge gewertet und bleibt dort bestehen, wo die Unterbringung in Kindergärten noch unbekannt ist.

11.2 Genderspezifische Aspekte in der Erziehung – Einfluss von Verwandtschaft und Exilgemeinde

Geschlechtsspezifische Erziehungsfragen werden im Elterntraining vor allem bei religiösen Familien, sowohl christlichen als auch muslimischen Glaubens, diskutiert. Besonders zum Zeitpunkt der Pubertät wird im Elterntraining von den Trainerinnen und Trainern beobachtet, dass Mädchen in religiösen Familien stärker an diese gebunden werden und zu viel Außenkontakt der Tochter von den Eltern nicht erwünscht ist. Diese herkömmlichen Maßnahmen sind Bemühungen, den guten Ruf der Tochter und damit den guten Ruf der Familie, aber auch gute Heiratschancen zu erhalten. Hingegen werden den Söhnen mehr Freiräume und Außenkontakte ermöglicht.

In der Auseinandersetzung mit dem Rollenverständnis in Deutschland ergibt sich für viele geflüchtete Eltern ein Dilemma bei der Erziehung ihrer Kinder, speziell ihrer Töchter. Auf den Schultern der Töchter lastet mehr Verantwortung, für den guten Ruf der gesamten Familie zu sorgen, als auf den Schultern der Söhne. Nicht zu unterschätzen ist der Einfluss der Verwandtschaft und der Exilgemeinde. Viele Familien berichten von einer massiven sozialen Kontrolle, der sie sich ausgesetzt fühlen. Entscheidungen zu einer tief greifenden Veränderung sind für Flüchtlingsfamilien keine Angelegenheit zwischen den Eltern und den Kindern, sondern umfassen die Berücksichtigung einer größeren Gemeinschaft. In Beratungen lassen sich Eltern oft durch Argumente gut von einer Änderung ihrer Haltung überzeugen, aber wagen es wegen der zu erwartenden kritischen Einstellung eines älteren Familienangehörigen in ihrer Umgebung dann doch nicht, die Entscheidung umzusetzen. Die Erfahrung bei Refugio zeigt, dass geflüchtete Eltern in der Beratung neben überzeugenden Argumenten für sich auch entsprechend überzeugende Argumente für Verwandte oder Landsleute benötigen. Deshalb kann es sinnvoll sein, »wichtige Menschen« aus dem erweiterten Familienkreis oder der Community in die Beratung miteinzubeziehen.

Entscheidung, das Kopftuch abzulegen

Wenn es beispielsweise um das Ablegen des Kopftuchs geht, befürchten Mädchen und junge Frauen kritische Äußerungen ihrer Familie und ihrer Peergroup (von Mädchen und Jungen); der Gruppendruck ist groß gegenüber einer Einzelnen, die es wagt, auszubrechen.

Eine wichtige Voraussetzung für ein besseres Verständnis des Kopftuchtragens besteht darin, die individuelle Bedeutung und Funktion zu verstehen, die das Kopftuch für das Mädchen oder die Frau hat. Manche Schülerinnen fangen erst mit dem Kopftuchtragen an, wenn sie in einer Klasse mit mehrheitlich Jungen sind, und legen es beim Verlassen der Schule ab. Andere wiederum tragen es nur in der Öffentlichkeit und legen es im Klassenzimmer ab. Als weitere Variante tragen in Deutschland sozialisierte Frauen das Kopftuch, um sich von dem körperbezogenen Schönheitsideal zu distanzieren.

In der Beratung sollte berücksichtigt werden, dass die nachfolgenden Themen zum Teil je nach familiärer Dynamik auch in unterschiedlichen Konstellationen besprochen werden, z. B. mit dem Mädchen allein, mit dem Bruder allein oder im Rahmen einer Familienkonferenz.

Im Beratungskontext sollte herausgearbeitet werden,
- welche Motive und Auslöser für das Anlegen oder Ablegen des Kopftuchs benannt werden,
- auf welche Situationen das An- oder Ablegen sich beziehen soll,
- welche Vorwürfe von anderen befürchtet werden,
- welche Konsequenzen aus der Gemeinschaft oder Familie erwartet werden.

Im Beratungskontext kann überlegt werden,
- ob und wie man das eigene Motiv den anderen gegenüber erläutert,

- wie man den Vorwürfen begegnet und damit umgeht,
- in welcher Situation man zum ersten Mal das Kopftuch anlegen oder ablegen möchte,
- welchen Gewinn und welchen Preis diese Entscheidung mit sich bringt.

Anzumerken ist, dass bei der Wahrnehmung genderspezifischer Sozialisation zulasten der Frauen interessanterweise übermäßig stark die Länder mit islamischer Prägung ins Visier genommen werden und trotz ausreichender Medienberichte die massiven Gewalterfahrungen von Mädchen und Frauen in christlich geprägten Ländern, wie Argentinien, oder im hinduistisch geprägten Indien als mögliche Folge der jeweiligen Religion nicht genügend beachtet werden. In vielen deutschen Debatten und Diskussionsrunden wird Frauenfeindlichkeit in der Regel ausschließlich mit der islamischen Religion assoziiert, in christlich geprägten Ländern werden die Ursachen hingegen in gesellschaftlichen Phänomenen wie patriarchaler Gesellschaft oder Armut vermutet. Hier findet man das Phänomen einer Individualisierung bei der Eigengruppe im Gegensatz zur Depersonalisierung bei der Fremdgruppe, das in 11.4 näher beschrieben wird.

11.3 Kommunikationsstile[2]

Unterschiedliche Kommunikationsstile und die Interpretation nonverbaler Ausdrucksformen unterliegen einer kulturellen Prägung. Direkter Blickkontakt gilt z. B. in vielen Herkunftsländern der Flüchtlinge als Zeichen von Indiskretion und Missachtung. Meiden des Blickkontakts kann

---

2   Diese Ausführungen sind eine leichte Umarbeitung eines bereits veröffentlichten Textes (Abdallah-Steinkopff, 2017).

daher in einigen Kulturen Ausdruck einer Respektsbekundung sein, in westeuropäischen Kulturen dagegen wird es als Zeichen für Unsicherheit und Verlogenheit gewertet.

Im sozialen Kontakt beeinflusst das Verständnis von geschlechtsspezifischen Rollen und hierarchischen Strukturen den Umgang miteinander. In vielen nichtwestlichen Kulturen gilt es als unhöflich, Mitmenschen mit den eigenen Problemen zu behelligen. Dieses »Schonverhalten« kann manchmal dazu führen, dass zu Beginn einer Beratung oder Therapie für die behandelnde Person nicht gleich ersichtlich wird, unter welchem Problem die Klientin bzw. der Klient eigentlich leidet. Das direkte, unumwundene Ansprechen des eigenen Anliegens und das Äußern der eigenen Meinung einer Autorität gegenüber sind in vielen Kulturen unüblich. Häufig empfinden westeuropäische Beratende und Therapeutinnen bzw. Therapeuten die Kommunikation mit Flüchtlingen daher als kompliziert und verwirrend, als würde »um den heißen Brei« geredet. Refugio München hat aufgrund jahrzehntelanger Erfahrungen gemeinsam mit Sprachmittlerinnen und -mittlern unterschiedliche Kommunikationsstile analysiert (z. B. Leidensausdruck im Sinne von Organchiffren). Organchiffren wie »meine Leber brennt« als türkische Umschreibung von Traurigsein führten und führen immer noch dazu, dass den Migrantinnen und Migranten häufig fälschlicherweise »übertriebene« Somatisierungstendenzen unterstellt werden. Oft gehen diese Zuschreibungen mit abwertenden Äußerungen wie »die jammern immer« einher. Ohne Sprachmittlerinnen und -mittler muss die Bedeutung dieser Organchiffren von Beraterinnen bzw. Beratern und Therapeutinnen bzw. Therapeuten exploriert werden. Darüber hinaus gilt auch bei Refugio München, ähnlich wie Borke, Schiller, Schöllhorn und Kärtner (2015) es vorschlagen, dass eigene Anliegen der beratenden Person konkret zu benennen und offene

Fragen zu Beratungsbeginn eher zu vermeiden. Insgesamt bedeutet es für die Interaktion mit geflüchteten Menschen, dass Beratende mehr Zeit benötigen, um sich gegenseitig besser zu verständigen und zu verstehen.

> **High-context- und Low-context-communication**
>
> Hall (1980) nimmt an, dass in westlichen Kulturen sehr viel mehr direkte Kommunikation notwendig ist, da gemeinsame kulturelle Vorannahmen gering bzw. Freiheitsgrade hoch sind. Er hat dafür den Begriff »low context culture« geprägt. Diese Lebensbedingungen existieren vor allem in industrialisierten Ländern mit individualistischer Orientierung. Hingegen bezeichnet ein »High-context-culture-Stil« Kulturen, in denen Vorgaben des kulturellen Kontextes durch festgelegtes Rollenverhalten und moralische Codes hochgehalten werden. Die Kommunikation in verbundenheitsorientierten Kulturen bedient sich eher des indirekten Ausdrucks, verbal z. B. in Form von Anspielungen und nonverbal im Schweigen oder Meiden von Blickkontakt. Interessant an diesem Konzept ist die Tatsache, dass das beredte Schweigen wichtige Information liefert, jedoch für westliche Beraterinnen bzw. Berater und Therapeutinnen bzw. Therapeuten am schwierigsten zu dechiffrieren ist (Kahraman, 2006).
>
> Ebenso ist das Meiden eines eindeutigen »Nein« in vielen Kulturen üblich, wie z. B. in der amharischen Sprache – für die Verneinung gibt es eine Umschreibung von graduell unterschiedlichen Jas, um den Gesichtsverlust bei der Gesprächspartnerin bzw. beim Gesprächspartner zu vermeiden.

Der Begriff »spiralförmige Problemdarstellung« wurde von Birsen Kahraman (2006) geprägt, um einen Kommunikationsstil zu beschreiben, der sehr häufig bei Menschen aus High-context-culture-Gesellschaften zu beobachten ist. Nach Kahraman (2006) scheinen sich die von ihr untersuchten türkischen Migrantinnen und Migranten eher eines »einkreisend-annähernden« Stils zu bedienen. Ein »linear-problemfokussierter« Stil, mit dem man »auf den Punkt« kommt und problemrelevante Details zum besseren Verständnis bringt, gilt in einem direkten Kommunikationsstil, der in Low-context-culture-Gesellschaften bevorzugt wird, so auch in Deutschland, als weitaus zweckmäßiger und zeitsparender als der zirkuläre Stil. Erwähnenswert ist dieser Umstand, da sich das Aufeinanderprallen beider Stile oft negativ auf Beziehungen auswirkt. Flüchtlingen wird immer wieder – vor allem vor Gericht – unterstellt, dass sie nicht auf den Punkt kämen, da sie etwas zu verbergen hätten. Auch Ärztinnen und Ärzte klagen darüber, dass die Durchführung einer Anamnese bedingt durch den »mäandernden Erzählstil« der Flüchtlinge sehr zeitraubend und »enervierend« sei. Beraterinnen bzw. Berater und Therapeutinnen bzw. Therapeuten haben den Eindruck, Flüchtlinge würden sich in »Nebensächlichkeiten verlieren« und das »dahinterliegende Problem nicht zur Sprache bringen«. Kahraman (2006) merkt an, dass aus Sicht der Klientinnen und Klienten aus dem zirkulären Stil ein Vorteil erwächst: Er bietet den Flüchtlingen die Möglichkeit, sich einem problembehafteten, gegebenenfalls angst- oder schambesetzten Thema mit gebührender Vorsicht zu nähern und parallel die Reaktionen des Gegenübers zu überprüfen. Wird dann von Beraterinnen bzw. Beratern und Therapeutinnen bzw. Therapeuten z. B. eine Einengung des Themas im Gespräch angestrebt, können Klientinnen und Klienten dies als unerwünschte Versachlichung und als Desinteresse empfinden. Eine weitere Erklärung könnte sein, dass Menschen aus anderen Kulturen auf andere Details bei der Schilderung von persönlichen Problemen Wert legen, wie z. B. bei sehr detaillierten Schilderungen, was andere über sie gesagt hätten. In verbundenheitsorientierten Kulturen ist die Meinung anderer äußerst wichtig für die eigene Identitätsbildung. In der autonomieorientierten Kultur wird dies dagegen eher als Zeichen von Abhängigkeit und Unreife angesehen.

Die Darstellung unterschiedlicher Kommunikationsformen verdeutlicht, dass Missverständnisse in Beratung und Therapie vorprogrammiert sind. Borke et al. (2015) differenzieren in der Elternberatung zwischen einer non-direktiven und direktiven Gesprächsführung je nach Herkunft und Bedürfnissen der Eltern. In der direktiven Gesprächsführung würden Beraterinnen bzw. Berater das konkrete Problem und die Ursache benennen. Darüber hinaus würden sie eine Lösungsmöglichkeit vorschlagen und ein bestimmtes Verhalten empfehlen. Im Gegensatz dazu geht man bei der non-direktiven Gesprächsführung von der Annahme aus, dass Klientinnen und Klienten durch das Fragen, im Sinne eines sokratischen Dialogs, selbstständig auf Lösungen kommen.

Das Stellen von gezielten Fragen bietet den geflüchteten Menschen im Gegensatz zu offenen Fragen eine bessere Orientierung im Gespräch, da deutlicher wird, worum es geht. Borke und Kollegen plädieren bei der Gesprächsführung für einen »Spielraum zwischen Direktivität und Non-Direktivität, mit dem sich sowohl Beratende aus der non-direktiven Tradition als auch Klientinnen und Klienten mit direktiven Erwartungen wohlfühlen« (Borke et al., 2015, S. 161).

11.4 Stereotype und Vorurteile

Wissenschaftlich belegt ist, dass jeder Mensch, auch eine Person mit Migrationserfahrungen, Stereotype und Vorurteile hat. Stereotype sind festgefügte, meist früh erworbene Assoziationen über Menschen, die einer speziellen Gruppe angehören. Stereotype unterliegen automatisierten Abläufen, während Vorurteile als ungeprüfte Übernahme von Stereotypen gewertet werden können. Stereotype haben folgende Funktionen für das soziale Leben: Sie vereinfachen komplexe Situationen durch Individualisierung bei der Eigengruppe und Depersonalisierung bei der Fremdgruppe. Das beobachtete Verhalten eines Menschen wird bei einer Individualisierung mit personenspezifischen Merkmalen erklärt, z. B. psychische Gesundheit, soziale Zugehörigkeit. Im Gegensatz dazu werden bei der Fremdgruppe Gruppenmerkmale wie Religionszugehörigkeit oder patriarchale Gesellschaft zur Erklärung herangezogen. Das führt dazu, dass nicht der einzelne Mensch einer Fremdgruppe, sondern nur dessen Gruppenzugehörigkeit wahrgenommen wird. Sexualisiertes Verhalten von Männern beispielsweise wird bei der Eigengruppe (Deutschen) z. B. mit Alkoholkonsum, psychischer Störung, Zölibat (im Falle katholischer Pfarrer bei sexuellem Missbrauch in der Kirche) erklärt, während bei Männern aus muslimischen Ländern generell die Religion verbunden mit dem Frauenbild des Islams und einer patriarchalen Gesellschaft als Erklärung dienen.

In der Ausbildung zur Psychologin bzw. zum Psychologen wird viel Wert auf die Wahrnehmung der individuellen Persönlichkeit gelegt. Bedingt durch vorurteilsbehaftete Wahrnehmung wird das Personenspezifische durch das Gruppenspezifische ersetzt. Folge davon sind Fehleinschätzungen in der Beratung. Gruppenmerkmale wie beispielsweise kopftuchtragend, muslimisch und weiblich wirken kaum beeinflussbar, sodass Änderungen des Verhaltens im Beratungskontext nur schwer vorstellbar erscheinen, was als »vorurteilsbehafteter Fatalismus« jeglichen Behandlungsansatz im Keim ersticken lässt. Als weitere wichtige Funktion stärken Stereotype und Vorurteile das soziale Zugehörigkeitsgefühl, im Sinne von »wir und die anderen«.

Häufig führen gegenläufige Erfahrungen nicht zum Hinterfragen der eigenen Annahmen. Sie werden im Gegenteil oft als Ausnahmen interpretiert. Stereotype können sehr schnell in Vorurteile umschlagen, wenn sie nicht reflektiert, sondern emotional bewertetet werden: Es entsteht die Tendenz einer vorschnellen und falschen Verallgemeinerung. Vorurteile sind – als vorgefasste Meinungen und ungeprüfte Ablehnungen – soziale Einstellungen, die sich auf soziale Gruppen bzw. Individuen beziehen. Sie sind oft aus Vorausurteilen und Stereotypen entstanden, die ohne eingehendere Prüfung zu falschen Verallgemeinerungen werden. Ein Vorurteil stellt eine Einstellung (Meinungsbildung) dar, die kaum auf Erfahrung (Information, Sachkenntnis) beruht, umso mehr auf z. B. subjektiver Eigenbildung bzw. Generalisierung von Ansichten. Negative Vorurteile bieten die Grundlage für Diskriminierung und menschenfeindliche Haltungen. In der Beratung von Flüchtlingsfamilien bestehen daher auf beiden Seiten Stereotype und Vorurteile, die eine angemessene gegenseitige Wahrnehmung und Einschätzung erschweren.

11.5 Fehlende Wahrnehmung von Ressourcen

Eine Studie von Kahraman und Knoblich (2000) ergab, dass die Zuschreibung von negativen Eigenschaften bei der Eigen- und Fremdgruppe zahlenmäßig gleich ist, jedoch die Zuschreibung von positiven Eigenschaften bei der Eigengruppe überwiegt. Daraus lässt sich schlussfolgern, dass Ressourcen bei der Fremdgruppe weniger wahrgenommen werden oder nicht bekannt sind. Ein wichtiges Beispiel in der Elternberatung ist die Einschätzung einer Kindeswohlgefährdung. Zu den vorgeschriebenen Kriterien einer professionellen Einschätzung gehört zum einen, das Vorliegen einer Gefährdung einzuschätzen, und zum anderen festzustellen, über welche Ressourcen die Familie, insbesondere die Eltern, verfügen. Bei einer fehlenden Wahrnehmung von Ressourcen bei der Fremdgruppe, speziell bei Flüchtlingsfamilien, bleibt nur die Fokussierung auf das negative Erziehungsverhalten der Eltern. Entscheidungen durch Erziehungsberatungsstellen und das Jugendamt können unter diesen Umständen nicht den jeweiligen familiären Bedingungen angemessen sein. Das hat fatale Auswirkungen auf das Leben von Flüchtlingsfamilien. Erfahrungen in der Begleitung von Flüchtlingsfamilien bei Refugio zeigen, dass sich durch die Fremdunterbringung oft eine tief greifende Entfremdung in der Familie vollzieht. Junge Kinder verlernen nach Monaten in einem deutschen Heim die Muttersprache, was negative Folgen auf die Verständigung zwischen Eltern und Kindern hat, und manches Mal lehnen die Kinder das Essen ihrer Mutter ab. Nach einer Fremdunterbringung ist daher das Ausmaß der Entfremdung bei Flüchtlingsfamilien weitaus größer als bei deutschen Familien.

11.6 Überweisungsgründe an *Eltern Aktiv*

Wie bereits erwähnt, werden auch Familien mit chronifizierten familiären Konflikten an das Elterntraining überwiesen, darunter sind auch Familien, deren Kinder wegen Kindeswohlgefährdung in Heimen untergebracht wurden. Manchmal erhalten Eltern in solchen Fällen eine Auflage von Familiengerichten, das Elterntraining zu absolvieren. Das Gericht macht seine Entscheidung für eine Rückführung der Kinder in die Familie auch von der regelmäßigen Teilnahme am Elterntraining abhängig. Aufgrund der mangelnden muttersprachlichen Angebote greifen Institutionen immer wieder auf das muttersprachliche Elterntraining zurück, was für die Elterntrainerinnen und -trainer in manchen Fällen zur Folge hat, dass sie mit einem ursprünglich auf Prävention ausgerichteten Verfahren an ihre Grenzen stoßen. Es gibt Überlegungen, das Aufnahmeverfahren nach strengeren Kriterien umzugestalten und eventuell spezielle Konzepte für diese schwierigen Familien zu konzipieren. Das Hauptanliegen des Elterntrainings bleibt jedoch, eine präventive Maßnahme für Flüchtlingsfamilien zu bieten.

12 Good Practice

Das folgende Kapitel widmet sich der Darstellung von bewährten Haltungen, Vorgehensweisen und Methoden des Elterntrainings, um diese für die allgemeine Beratung von Flüchtlingseltern je nach Beratungssetting nutzbar zu machen. Die Ideen und Empfehlungen bestätigen möglicherweise teilweise schon gängige Beratungspraxis, darüber hinaus können sie als neue Anregungen in bestehende Konzepte aufgegriffen und implementiert werden, um ein kultursensibles Vorgehen zu gewährleisten.

12.1 Hilfreiche kultursensible Haltung – Nichtwissen erfordert Exploration

In der Begegnung zwischen pädagogisch und psychologisch Tätigen einerseits und Flüchtlingen andererseits sind Wertvorstellungen der jeweils Anderen erst einmal nicht oder nur unzureichend bekannt. Die Gefahr von Fehldeutungen und Missverständnissen ist daher auf beiden Seiten groß. Wie funktioniert der interkulturelle Dialog in diesem Setting? Eine wesentliche Voraussetzung für eine gute Verständigung ist die Akzeptanz des eigenen »Nichtwissens« (Anderson u. Goolishian, 1992): Nicht so sehr das Wissen, sondern die Notwendigkeit des Fragens steht im Vordergrund. Das professionelle Selbstverständnis fußt folglich nicht auf der Überzeugung, selbst Wissende und Expertinnen bzw. Experten zu sein, sondern andere als Expertinnen und Experten zu akzeptieren und ihr Wissen zu nutzen, wie z. B. Flüchtlinge, Sprachmittlerinnen bzw. -mittler und Teamkolleginnen bzw. -kollegen mit Migrationshintergrund.

Notwendig dafür ist eine gute Beobachtungsgabe, um fremdes Verhalten anschaulich und wertfrei zu beschreiben. Eberhart und Knill (2011) sprechen in diesem Zusammenhang von einer phänomenologischen Haltung den Begegnenden gegenüber. Diese Haltung fällt vielen Psychologinnen bzw. Psychologen, Pädagoginnen bzw. Pädagogen und Sozialpädagoginnen bzw. -pädagogen schwer, weil sie gewohnt sind, vor allem etwas (für sie) Auffälliges zu deuten und es auf dahinterliegende strukturelle Probleme zurückzuführen. Eine objektiv formulierte Verhaltensbeobachtung ist daher vonnöten, um bei den Phänomenen zu bleiben (Eberhart u. Knill, 2011).

Vorschnelles Interpretieren und Diagnostizieren – häufig als Zeichen von Professionalität in sozialen Berufen missverstanden – erhöht die Gefahr von Fehldeutungen und führt häufig zu einer unangemessenen Pathologisierung des beobachteten Verhaltens. Die Haltung des Nichtwissens erfordert ein Umdenken bei Sozialpädagoginnen bzw. -pädagogen und Therapeutinnen bzw. Therapeuten. Nicht die rasche Diagnose ist Zeichen von Professionalität, sondern das Abnehmen der eigenen kulturellen Brille und die Bereitschaft, erst einmal Motive und Gründe für ein beobachtetes Verhalten zu explorieren.

Für die berufliche Tätigkeit ist es wichtig, anzuerkennen, dass niemand frei von Stereotypen und Vorurteilen ist. Die Reflexion eigener Stereotype und Vorurteile ist für Beratende zwingend erforderlich, damit diese das professionelle Vorgehen und Handeln nicht auf subtile Weise beeinflussen können. Nicht zu vergessen ist, dass Flüchtlinge auch Landsleuten, anderen Flüchtlingen und Deutschen gegenüber stereotyp- und vorurteilsbehaftete Haltungen haben können. Der Einsatz von gemischten Teams (z. B. muttersprachliche/r Elterntrainerin bzw. -trainer und deutsche Ehrenamtliche) wäre aus diesem Grund überlegenswert.

Innere Bilder zurechtzurücken betrifft alle und ist daher eine gemeinsame Aufgabe im Dialog miteinander.

In der Praxis des Elterntrainings *Eltern Aktiv* hat sich zur Vermeidung dieser Fehlinterpretationen bewährt, den Entstehungskontext für die jeweiligen unterschiedlichen Vorstellungen zu erfragen und zu beschreiben. Das Füttern der Kinder, auch oft unter Zwang, wie es bei manchen Flüchtlingseltern zu beobachten ist, wird dann für Elterntrainerinnen und -trainer eher nachvollziehbar, wenn sie erfahren, dass dies aus Fürsorge geschieht. Eltern berichten auf Nachfragen, dass dieses Verhalten in ihrer Heimat notwendig war, da man »ja nicht wissen konnte, ob es am nächsten Tag etwas zu essen geben würde«. Umgekehrt ist es für die Flüchtlingseltern sinnvoll, sich den neuen deutschen Lebenskontext verbunden mit anderen Gewohnheiten bewusstzumachen, damit sie das selbstständige Essen ihrer Kinder in der Kita nicht als Zeichen der Vernachlässigung durch die Erzieherinnen und Erzieher missverstehen. Häufig gelingt es den Flüchtlingseltern mithilfe des Perspektivenwechsels gut, das mitgebrachte Verhalten als sinnvolle Strategie unter früheren Lebensbedingungen zu begreifen. Mütter aus einer Elterntrainingsgruppe, die ihre Kinder früher oft auch unter Zwang gefüttert hatten, konnten ihr Verhalten auf die neue Lebenssituation umstellen, ohne befürchten zu müssen, ihre Kinder nicht ausreichend zu ernähren. Zwangsfüttern als ein an den früheren Lebenskontext angepasstes Verhalten kann bei Kindern nach der Migration in einen neuen Lebenskontext, der ausreichende Nahrung gewährleistet, zu Adipositas führen. Akhtar, Mitarbeiterin des Elterntrainings, schafft einen interessanten Perspektivwechsel, wenn sie in Vorträgen darauf hinweist, dass die Aufforderung von Pädagoginnen und Pädagogen, einen geregelten Schlafrhythmus für die Kinder einzuhalten, der Idee einer Erziehung zur Selbstständigkeit zuwiderläuft. Ähnlich wie das Essen ist das Schlafen ein grundlegendes Bedürfnis eines Kindes, und es muss lernen, damit umzugehen. Entgegen der Begründung für das selbstständige Essen wird dem Kind ein geregelter Schlafrhythmus »aufgezwungen«.

12.2 Verständnis schaffen

Dieses Beispiel verdeutlicht, dass in einer kultursensiblen Elternberatung zuallererst eine Verständigung über kulturelle Hintergründe und Motive für Entscheidungen und Verhaltensweisen in der Erziehung erfolgen sollte. Sowohl die Elterntrainerinnen und -trainer als auch die Flüchtlingseltern erhalten dadurch ein besseres Verständnis für ein für sie fremdes Verhalten. In diesem ersten Schritt kann das notwendige Vertrauen für weitere Gespräche aufgebaut werden. Möglicherweise würde es dadurch auch seltener zu frühzeitigen Beratungsabbrüchen kommen, die immer wieder von Beratungsstellen beklagt werden. Im weiteren Beratungsprozess sollten gemeinsam mit der Familie migrationsbedingte Folgen auf das eigene Familienleben analysiert und besprochen werden. Im Fokus der Flüchtlinge stehen häufig vielfältige existenzielle Probleme, wie beispielsweise ein zeitlich begrenzter, unsicherer Aufenthaltsstatus. Umso wichtiger ist es in der Beratung, das Augenmerk gezielt auf die Bedeutung der Migration und deren Auswirkungen auf das gegenwärtige Verhalten zu lenken. Erst durch das Bewusstsein für migrationsbedingte Erziehungsprobleme und deren Ursachen kann die Suche nach entsprechenden interkulturellen Lösungen beginnen. Förderlich dafür ist, wenn das Suchen nach einer kulturellen Identität in Deutschland sowohl von Elterntrainerinnen und -trainern als auch von Flüchtlingen nicht zwangsläufig als Aufgabe von vertrauten Wertvorstellungen verstanden wird, sondern als Chance, das mitgebrachte Handlungsrepertoire im Sinne von Mehrsprachigkeit und interkulturellem Handeln zu erweitern. Nichtsdestotrotz impliziert Migration in ein Land mit anderen Werten und Normen immer auch die Notwendigkeit, bisherige Einstellungen und Verhaltensweisen zu verändern, wenn diese nicht den rechtlichen Regelungen des Landes entsprechen.

12.3 Methoden, um »innere Bilder zurechtzurücken«

Budimlic, ehemalige Mitarbeiterin im Elterntrainerteam bei Refugio München, empfiehlt in ihren Vorträgen vor Lehrkräften, sich vor einer Elternsprechstunde folgende Fragen durch den Kopf gehen zu lassen, um sich die eigenen inneren Bilder bewusst zu werden:

Hilfreiche Fragen für eine professionelle Haltung in der Elternberatung:
- Welche Bilder habe ich im Kopf, wenn ich den Namen der Familie lese?
- Ist mir bewusst, dass ich Vorurteile habe?
- Kann ich diese benennen?
- Wie überprüfe ich sie?
- Wie gehe ich mit migrierten Eltern im Vergleich zu deutschen Eltern um?
- Beachte ich die Wünsche der Eltern?
- Welche Informationen benötigen sie?
- Welche Ressourcen nehme ich in der Familie wahr?

Adichie (2009) spricht über die Gefahr, nur eine Geschichte über eine Nation zu kennen. In diesem Sinn dienen folgende Fragen dazu, sich der eigenen beruflich bedingten eingeschränkten Wahrnehmung bewusst zu werden:

> **Hilfreiche Fragen zur besseren Differenzierung:**
> - Welchen Teil der Bevölkerung einer Nation lerne ich ausschließlich in meiner Tätigkeit kennen?
> - Entspricht er einer spezifischen Minderheit (z. B. psychisch Kranke in einer Praxis oder Klinik, Täterinnen bzw. Täter in der Forensik, spezielle ethnische Gruppen eines Landes)?
> - Welche Informationen benötige ich zusätzlich für eine angemessene Einschätzung?

Als wiederkehrendes Beispiel für das Phänomen eigener festgefahrener Bilder dient der Begriff der arrangierten Ehe. Dieser Begriff wird oftmals automatisch mit dem Begriff der Zwangsehe gleichgesetzt, da man in den Beratungen verständlicherweise nur diejenigen Fälle zu sehen bekommt, in denen es im Zuge einer Zwangsehe zu Problemen gekommen ist. Arrangierte Ehe ist ein Oberbegriff, der zunächst die Methode des Kennenlernens eines Paares beschreibt, ohne Aussagen darüber zu machen, ob die Eheleute unter Zwang durch die Familie oder freiwillig in die Ehe einwilligten. Es gibt in verschiedenen Münchner Einrichtungen Mitarbeiterinnen bzw. Mitarbeiter und ehrenamtlich Tätige mit Migrationshintergrund, deren Ehen arrangiert wurden und die sich dagegen zur Wehr setzen, wenn es um mangelnde Differenzierung dieses Begriffs geht. Sie erleben die Kritik der oft deutschen Frauen als überheblich, arrogant und diskriminierend, dabei kritisieren sie besonders das westlich-eurozentristische Denken, das eigentlich als Maßstab nur für 10 % der Weltbevölkerung Gültigkeit hat.

12.4 Kultursensible Verhaltensbeobachtung

Borke et al. (2015) thematisieren in ihrem Kapitel über Erkenntnisse der kulturvergleichenden Bindungsforschung »die Gefahr des normativen Blicks« (S. 51–56). Forschungsergebnisse in der vergleichenden Entwicklungspsychologie würden darauf hindeuten, dass es in verschiedenen Kulturen unterschiedliche Vorstellungen davon gäbe, wodurch sich optimales Elternverhalten und optimales Kindverhalten auszeichne. Wie die Ergebnisse bei den bäuerlichen Nso in Kamerun und Mittelschichtsfamilien in Deutschland (Keller u. Kärtner, 2013) zeigen, sei die emotionale Involviertheit bei beiden Gruppen gleichermaßen ein wichtiger Teil optimalen Elternverhaltens. Der größte Unterschied zwischen beiden Gruppen sei darin zu sehen, von wem die Interaktion ausgehe und wer sie strukturiere. Im Sinne einer elternzentrierten Perspektive müsse bei den Nso die Initiative von den Bezugspersonen ausgehen, dem Kind komme in der Interaktion die Rolle zu, auf diese Initiativen zu reagieren und ihnen zu folgen. Das würde aus der Sicht der klassischen Bindungsforschung, die von einer Kindzentriertheit des Elternverhaltens ausgeht, nicht als sensitiv gewertet, sondern häufig als intrusiv-kontrollierend problematisiert, da sich das Verhalten der Bezugsperson nicht an dem Zustand und den gegenwärtigen Bedürfnissen des Kindes orientiere. Ausschlaggebend für eine angemessene Einschätzung des Elternverhaltens ist daher bei Flüchtlingsfamilien, ob sie eher eine Eltern- oder Kindzentriertheit bevorzugen, wenn sie mit ihrem Kind interagieren. Borke et al. (2015) beschreiben mehrere Beispiele, wie das Fehlen des Fremdelns gegenüber mehreren Bezugspersonen oder dem mangelnden Trotzverhalten, das bei Kleinkindern bei den Nso zu beobachten ist, ohne den Einbezug des speziellen kulturellen Kontextes in deutschen Institutionen zu massiven Fehleinschätzungen der kindlichen Entwicklung führen kann. Sie raten davon ab, die beraterische und therapeutische Intuition, auch nach jahrelanger Berufserfahrung, als valides Kriterium bei der diagnostischen Einschätzung von Elternverhalten anderer kultureller Prägung ohne Vorbehalte zu akzeptieren. Im Sinne der beschriebenen Haltung des Nichtwissens geht es darum, offen zu bleiben und Phänomene objektiv zu beobachten, um dann erforderliche Informationen zu erfragen. Auch Borke et al. (2015) plädieren dafür, »sich von den ›natürlich‹ erscheinenden Intuitionen freizumachen und einen offenen Blick dafür zu gewinnen, was uns an Neuem begegnet« (S. 68).

Da die Beurteilung der Angemessenheit von Elternverhalten normativ und kulturspezifisch ist, müssen Beobachtungsverfahren kritisch gesehen werden, insbesondere dann, wenn das Elternverhalten unter die Lupe genommen wird. Um die Angemessenheit des mütterlichen Verhaltens einzuschätzen, wäre es nach Borke und Kollegen (2015) sinnvoll, »zu beobachten, inwieweit das mütterliche Verhalten dazu führt, das Kind in einen balancierten Systemzustand zu bringen« (S. 69). Dadurch beziehe sich die Beurteilung des mütterlichen Regulationsverhaltens direkt auf das Verhalten des Kindes. Sie verweisen auf ein Verfahren von Als (1984) und Brazelton (1984), mit dessen Hilfe das Kindverhalten mit sogenannten Feinzeichen der Offenheit und Belastetheit verhaltensnah bewertet werden kann.

12.5 Migration bedeutet Veränderung – Wie viel Veränderung ist zumutbar?

In Beratungsgesprächen äußern Flüchtlingseltern oft ihre große Sorge und Angst davor, dass sich ihre Kinder von ihnen entfremden könnten. Manche Flüchtlingseltern bemühen sich getrieben von ihrer Sorge um den Familienzusammenhalt, ihre Werte, Rituale und Verhaltensweisen aus der Heimat zu bewahren und an ihre Kinder weiterzugeben. Flüchtlingskinder sind in einer Lebensphase, in der sie sich sehr um rasche Anerkennung von Gleichaltrigen, Erzieherinnen bzw. Erziehern, Lehrkräften und anderen Personengruppen bemühen, die sie in ihrem Alltag kennenlernen, und zeigen eine große Bereitschaft, sich an ihre soziale Umgebung anzupassen. Diese Rollenaufteilung mit den entsprechenden migrationsspezifischen Aufgaben läuft bei vielen zugewanderten Familien in dieser Form ab. Das Zusammenwirken solcher unterschiedlichen Rollen kann im Sinne einer sinnvollen Synergie für den Inklusionsprozess sehr förderlich sein, aber auch im negativen Fall die Familie spalten. In Beratung und Therapie gilt es daher, behutsam mit dem Migrations- und Inklusionsprozess umzugehen, denn Migration an sich ist mit Veränderungsprozessen assoziiert und mitunter auch mit dem Aufgeben von herkömmlichen Verhaltensweisen. Therapie und Beratung implizieren Veränderung, wenn gewohnte, aber uneffektive Bewältigungsstrategien im Gespräch hinterfragt und verändert werden müssen. Werden von der Familie zu viele Veränderungen in zu kurzer Zeit gefordert, kann dies auf ein familiäres System destabilisierend wirken.

Beraterinnen bzw. Berater und Therapeutinnen bzw. Therapeuten sollten sich stets vor Augen halten, dass durch angestrebte »Veränderungen möglicherweise grundlegende Werte angegriffen werden, die bisher leitend waren« (Kahraman u. Abdallah-Steinkopff, 2010, S. 311).

Daher sollten in der Beratung Veränderungen in kleinen »Dosen« und kleinschrittig angeregt werden. Je fremder geflüchteten Eltern eine Anforderung erscheint, desto geduldiger sollten Fachkräfte die allmähliche Annäherung an diese Werte und Vorstellungen verfolgen, mit dem Ziel das Kind bestmöglich in den Schulalltag einzubeziehen. So können geflüchtete Eltern es beispielsweise ihrer Tochter möglicherweise eher gestatten, ins Schullandheim zu fahren als am Schwimmunterricht teilzunehmen.

Notwendige Veränderungen sollten sinnvollerweise an bestehende Bedürfnisse anknüpfen, um diese auf neue Aufgaben zu übertragen. Ein Beispiel:

Eine überforderte Mutter aus dem Irak wurde aufgefordert, besser auf sich zu achten und sich mehr freie Zeit während der Erziehung ihrer Kinder und der Haushaltsführung zu nehmen. Die Beraterin schlug vor, dass zur Entlastung der Mutter auch einmal der Ehemann oder der älteste Sohn die Wohnung staubsaugen und die Wäsche aufhängen sollte. Die Mutter zeigte kein Interesse, diesen Vorschlag daheim umzusetzen. Denn der Vorschlag basierte auf Vorstellungen der Arbeitsteilung im Haushalt, was die Mutter als Beschneidung ihres Tätigkeitsbereichs empfand. Sie war erst bereit zu mehr Selbstfürsorge (täglich Zeit für ein Glas Tee bei der Nachbarin einzuplanen), als ihr erklärt wurde, dass sie sich schonen müsse, um ihrer Rolle als Ehefrau und Mutter gerecht zu werden. In der Heimat habe sie durch die Familie Unterstützung und dadurch Pausen gehabt, nun sei sie für ihr Wohlergehen zu einem gewissen Maße selbst verantwortlich.

Das Bedürfnis der Väter und Mütter, die eigenen Kinder zu schützen, beispielsweise vor Kränkungen und Diskriminierungen, kann mit neuen Lösungswegen und Kommunikationsformen verknüpft sein, nach dem Motto: Bedürfnisse bleiben, aber die Methoden, um die Bedürfnisse zu erfüllen, können und müssen sich an die neuen Lebensbedingungen anpassen. Wenn beispielsweise das Kind in der Schule diskriminierende Erfahrungen durch eine Lehrkraft gemacht hat, sind Hinweise hilfreich, wie man als Vater oder Mutter mit diesem Konflikt in Deutschland

> umgehen und seinem Kind den erforderlichen Rückhalt geben kann. Dazu zählt die anschauliche Darstellung eines möglichen Beschwerdewegs: über das Gespräch mit der Lehrkraft, mit dem Elternbeirat bis hin zum Gang zur Antidiskriminierungsstelle.

Oft werden in der Beratung von geflüchteten Eltern zu rasch für sie völlig ungewohnte Verhaltensweisen eingefordert. Neue Aufgaben sollten so erklärt werden, dass sie in bestehende Erziehungskategorien passen. Beispielsweise kann Fürsorgeverhalten durch Strenge (»ich führe mein Kind auf den richtigen Weg«) oder aber auch durch Aufmerksamkeit schenken (»ich gebe meinem Kind Zeit und höre ihm zu«) gezeigt werden. Auf diesem Weg können allmählich neue Verhaltensweisen aufgebaut werden, nachdem sie mit den Eltern besprochen wurden. Aber Erklärungen allein sind in der Regel nicht ausreichend für das Verstehen, zusätzlich zu ihnen sind modellhafte Beispiele unerlässlich für ein besseres Verständnis, vor allem dann, wenn es um Neues und Ungewohntes geht. Das Demonstrieren bzw. Vormachen einer Handlung, Beispiele aus einem Film, das Begleiten an einen fremden Ort, wie für manche zu einer Behörde, tragen bei den geflüchteten Eltern dazu bei, die Bereitschaft zu erhöhen, Neues zu wagen.

> Es kann im Beratungskontext generell davon ausgegangen werden, dass Flüchtlingseltern sich als Hüterinnen bzw. Hüter ihrer Tradition verstehen und Kinder die »Brücke« zur Aufnahmegesellschaft bilden möchten. Im Rahmen von Seminarübungen bei der Akademie Refugio München transfer werden Teilnehmerinnen und

Teilnehmer mit entsprechenden Szenarien konfrontiert, um darüber zu diskutieren, wie sie als Familie in einem Lebenskontext mit völlig fremden Wertvorstellungen umgehen würden. Als häufiges Ergebnis zeigt sich, dass sie eine ähnliche Angst vor Entfremdung von ihren Kindern äußern und geneigt sind, bei unakzeptablen Wertvorstellungen etwas zu etablieren, was an das Herausbilden von Parallelkulturen erinnert: »Wir pflegen andere Werte in unserer Familie als die da draußen«.

12.6 Hilfreiche Methode in der kultursensiblen Kommunikation: das Interkulturelle Pendeln[3]

Trotz anschaulicher pädagogischer Erklärungen für notwendige Veränderungen im Erziehungsverhalten während des Elterntrainings verharren Eltern manchmal in ihren mitgebrachten Erziehungsvorstellungen. Besonders bei der Frage der Anwendung körperlicher Gewalt als Erziehungsmethode ergeben sich daraus Probleme für die Elterntrainerinnen und -trainer. Die Eltern können oft nicht nachvollziehen, warum eine Erziehungsmethode schädlich für ihre Kinder sein soll, die aus ihrer Sicht bei ihnen selbst funktioniert oder zumindest keinen Schaden angerichtet hat. Sie haben ihre eigenen Eltern als fürsorglich erlebt, auch wenn es beispielsweise Schläge in Maßen als Erziehungsmethode gegeben hat. Häufig werden diese von Flüchtlingseltern als hilfreiches Verhalten angesehen, um die Kindern zu ermahnen, nicht vom richtigen Weg abzukommen. Der rote Faden, der sich durch das Elterntraining zieht, ist das wiederholte Bewusstmachen elterlicher

---

3 Der Abschnitt ist zuerst in Abdallah-Steinkopff (2015, S. 115–116) erschienen.

Aufgaben und Rollen, die vor der Migration im Verbund mit der Großfamilie funktioniert haben, sowie das Überprüfen der Wirksamkeit dieses mitgebrachten Repertoires unter den neuen Lebensbedingungen in der Kernfamilie. Migration als Einschnitt in der Lebensgeschichte erfordert das Hinterfragen von Selbstverständlichkeiten. Im Rahmen des Elterntrainings können muttersprachliche Trainerinnen und Trainer das Über- und Umdenken, aber auch das Beibehalten von hilfreichen Wertvorstellungen und Verhaltensweisen aus dem eigenen kulturellen Hintergrund der Flüchtlingseltern unterstützen und die erforderliche Erweiterung des mitgebrachten Werte- und Verhaltensrepertoires fördern.

Der Einsatz der Kommunikationstechnik des »Interkulturellen Pendelns« dient zur Reflexion über Auswirkungen des Migrationsprozesses auf das gegenwärtige Erziehungsverhalten und gegenwärtige Erziehungseinstellungen und hat sich im Rahmen von Beratung, Therapie und Elterntraining als besonders hilfreich erwiesen. Die Kommunikationstechnik habe ich gemeinsam mit den Elterntrainerinnen Akhtar und Krasniqi entwickelt. An einem Fallbeispiel wird das generelle Vorgehen dargestellt. Nachfolgend wird der Ablauf des Interkulturellen Pendelns in sieben Schritten beschrieben.

Eine Mutter aus dem Kosovo berichtet der kosovarischen Elterntrainerin, dass sie früher ihre Tochter geschlagen habe. Sie wisse, dass das in Deutschland verboten sei und habe mithilfe des Elterntrainings damit aufgehört. Allerdings verstünde sie nicht, was daran so schlimm sei, da sie selbst wie andere Kinder im Kosovo immer von den Eltern geschlagen worden sei. Sie und die anderen Kinder hätten sich jedoch ganz normal entwickelt. Die Elterntrainerin bittet die Mutter darum, sich an Situationen zu erinnern, in denen sie von der eigenen Mutter geschlagen wurde. Nachdem die Mutter sich entsprechende Situationen in Erinnerung gebracht hat, fragt die Trainerin sie, was sie als Kind nach den Schlägen gemacht habe. Die Mutter berichtet, dass es unmittelbar danach besonders wichtig war, immer Trost bei der Großmutter, Tante oder Cousine zu finden. Die Elterntrainerin fragt die Mutter nach einer entsprechenden Situation in Deutschland mit der eigenen Tochter. Was habe ihre Tochter nach den Schlägen von der Mutter gemacht? Die Mutter beschreibt, dass ihre Tochter sich alleine in ihr Zimmer zurückgezogen und lange geweint habe. Die Trainerin macht die Mutter auf die veränderten Lebensbedingungen nach der Migration aufmerksam. Sie lebe nun mit ihrem Mann und zwei Kindern als Kernfamilie in Deutschland. Sie könne ihre Situation im Kosovo nicht mit der Situation ihrer Tochter in Deutschland vergleichen. Sie müsse die Folgen ihrer Erziehungsmethode, die aufgrund der nachgewiesenen Auswirkungen auf die kindliche Entwicklung in Deutschland verboten ist, für ihre Tochter unter neuen Gesichtspunkten bewerten.

Wenn Flüchtlingseltern nicht bereit sind, ihr Erziehungsverhalten zu ändern, wird dies in Beratungen manchmal allzu rasch als stures Verharren in deren jeweiligen kulturellen Vorstellungen fehlinterpretiert. Am Beispiel der Teilnahme am Schullandheimaufenthalt der Tochter einer afghanischen Familie im Grundschulalter wird dies deutlich. Die Eltern hatten sich gegen die Teilnahme entschieden. Die Lehrerin hatte darauf hingewiesen, dass es sich um einen Bestandteil des Schulalltags handelt. Sie wisse zwar, dass es für Mädchen in Afghanistan unüblich sei, sich über Nacht außerhalb der Familie aufzuhalten, allerdings sei die Familie nun in Deutschland und solle sich der Tochter zuliebe integrieren.

Hintergrund beider gegensätzlicher Positionen war, dass auf der einen Seite die Eltern nur vage Vorstellungen über einen Schullandheimaufenthalt hatten und dadurch verunsichert waren. Die Lehrerin andererseits unterstellte aus Unwissenheit den Eltern einen mangelnden Willen zur Integration.

Mithilfe der Kommunikationstechnik des »Interkulturellen Pendelns« werden bestehende Annahmen auf beiden Seiten erfragt, um ein besseres Verständnis für die zugrunde liegenden Motive und Wissenslücken auszuloten. An dem beschriebenen Beispiel konnte im Gespräch zunächst ermittelt werden, dass das Übernachten der Tochter außerhalb der familiären Wohnung in Afghanistan unüblich war und sie von ihren Landsleuten deshalb als »schlechte« Eltern angesehen würden, wenn sie dies zuließen. Hinzu kam, dass sie über keine Kenntnisse über den Sinn und Zweck eines Schullandheims verfügten und eher aufgrund von Gerüchten falsche Vorstellungen darüber hatten. Das Motiv für ihre Ablehnung begründete sich daher mit der Fürsorge um ihre Tochter und mit der Sorge um ihren guten Ruf in der Exilgemeinde. Nach einer anschaulichen Erklärung der Lehrerin über Aspekte des Schullandheimaufenthalts zur Klärung der elterlichen Wissenslücke wollten die Eltern ihre Entscheidung nochmals überdenken. Als wesentliches Hindernis für eine positive Entscheidung konnte im weiteren Gespräch die Rolle der Verwandtschaft und der Exilgemeinde ermittelt werden. Ausschlaggebend für die Bereitschaft, die Tochter doch an dem Aufenthalt teilnehmen zu lassen, war das Angebot der Lehrerin, gemeinsam mit den Eltern zu überlegen, mit welchen Argumenten sie ihre Entscheidung gegenüber den Landsleuten vertreten könnten.

Kultursensible Beratung erfordert auf beiden Seiten – von Beraterinnen bzw. Beratern, Psychologinnen bzw. Psychologen einerseits und Flüchtlingen andererseits – die

Bereitschaft, Selbstverständlichkeiten aus dem jeweiligen kulturellen Kontext zu hinterfragen und offen zu bleiben für andere Perspektiven und kulturelle Deutungen. Ziel ist es, gemeinsam mit den Flüchtlingseltern einen kultursensiblen Wertekompass für ihr Familienleben in Deutschland zu gestalten, der ihren Kindern das Pendeln zwischen den Kulturen ermöglicht, ohne sie dabei zu überfordern.

Interkulturelles Pendeln in sieben Schritten

Für ein effektives Vorgehen des Interkulturellen Pendelns haben sich für die Elterntrainerinnen und -trainer folgende Schritte bewährt:
1. Erfragen und Verstehen der ursprünglichen Erziehungsvorstellung der Flüchtlingseltern durch die Elterntrainerinnen und -trainer,
2. anschauliches Erklären der deutschen Erziehungsvorstellung durch die Elterntrainerinnen und -trainer,
3. gemeinsames Abwägen beider Vorstellungen für Entscheidungsfindung der Flüchtlingseltern,
4. Entscheidung für eine Veränderung der ursprünglichen Erziehungsvorstellung, im Sinne eines interkulturellen Vorgehens durch die Flüchtlingseltern,
5. Erfragen der Rahmenbedingungen zur Umsetzung der Entscheidung durch die Elterntrainerinnen und -trainer,
6. gemeinsame Analyse von Hindernissen bei der Umsetzung der Entscheidung,
7. gemeinsame Suche nach Lösungen für die Klärung und Überwindung der Hindernisse der Eltern.

12.7 Methoden zur Veranschaulichung von Veränderungen nach Migration

Die Analyse der Erziehungsaufgaben im Herkunftsland und nach der Migration in Deutschland veranschaulicht den Zuwachs an Aufgaben nach der Migration. Es wird deutlich, dass meist die Mutter die Aufgaben übernehmen muss, für die sie in ihrer Heimat die Unterstützung durch Familienangehörige hatte.

Mithilfe von Tabelle 3 können erziehungsrelevante Institutionen und relevante Begrifflichkeiten, wie z. B. Jugendamt, Aufsichtspflicht, Kindeswohlgefährdung, die in vielen Herkunftsländern unbekannt sind, gut veranschaulicht werden (z. B. »Wer hätte bei Erziehungsproblemen in der Heimat interveniert, und wer macht das in Deutschland«?). Die leeren Stellen weisen darauf hin, dass dem Kind keine Personen und Handlungen bezüglich der Versorgungsaufgaben zur Verfügung stehen.

Tabelle 3: Erziehungsaufgaben vor und nach der Migration (Wer übernimmt was?) (aus dem unveröffentlichten Elterntrainingsmanual *Eltern Aktiv Refugio München* © Lwano u. Ahktar, 2015)

Kind z. B. 3 Jahre	Flüchtlingsfamilie			
Tätigkeiten im Erziehungsalltag	Wer übernahm diese Aufgabe vor der Migration?	Wie wurde diese Aufgabe verrichtet?	Wer übernimmt diese Aufgabe nach der Migration?	Wie wird diese Aufgabe in Deutschland verrichtet?
Füttern	Mutter	mit Händen	Mutter	mit Händen und erste Versuche mit Besteck
Waschen/pflegen	Großmutter	Badehaus	Mutter	Gemeinschaftsunterkunft
Beaufsichtigen	Nachbarinnen bzw. Nachbarn und Angehörige	spielen im Innenhof des Wohnhauses	manchmal die Mutter	spielen vor der Unterkunft
Zu Bett bringen	gemeinsam zu Bett gehen	ohne Einschlafrituale	Mutter	wie früher
Vorlesen, Geschichten erzählen	Großmutter	Geschichten erzählen		
Spielen	Cousinen, Nachbarkinder	gemeinsames Spiel im Innenhof des Wohnhauses		

Neben Gesprächen über die Identitätssuche der Familien zwischen den unterschiedlichen Erziehungsvorstellungen können Plakate mit Symbolen, Piktogrammen usw. eingesetzt werden, um die Themen des Dialogs besser zu veranschaulichen. Man kann sich im laufenden Beratungsprozess immer wieder darauf beziehen. Ziel der Diskussion ist es, Identitäten in beiden Wertvorstellungen zu finden und im Sinne des Codeswitchings zu klären, in welchem

Setting welches Verhalten angemessen ist. Folgende Fragestellungen dienen als möglicher Leitfaden für einen solchen Dialog:
- Welche Vorstellungen, Werte und Handlungsstrategien waren in der eigenen Gesellschaft wichtig?
- Welche Vorstellungen, Werte und Handlungsstrategien sind in der deutschen Pädagogik wichtig?
- Was lässt sich von meinem mitgebrachten Repertoire auf das Leben in Deutschland übertragen?
- Welche Vorstellungen und welches Verhalten widersprechen den gesetzlichen Regeln in Deutschland, wie Aufsichtspflicht, Kinderrechte, Jugendschutzgesetz?
- Welche Vorstellungen und welches Verhalten widersprechen meinen eigenen Werten?
- Welche Skills benötige ich als Flüchtling in Deutschland?

13 Umgang mit Konflikten und Gewalt in der Erziehung

Zur Veranschaulichung der negativen Wirkung von Gewalt in der Erziehung werden im Elterntraining die einzelnen Auswirkungen auf das Kind auf einem Plakat dargestellt und besprochen (s. Abbildung 5). Dabei ist es wichtig, die Gefühle von Machtlosigkeit zu verstehen, aber einen deutlichen Unterschied zu machen zwischen all den Gefühlen, die erlaubt sind, und den Handlungen, die nicht erlaubt sind.

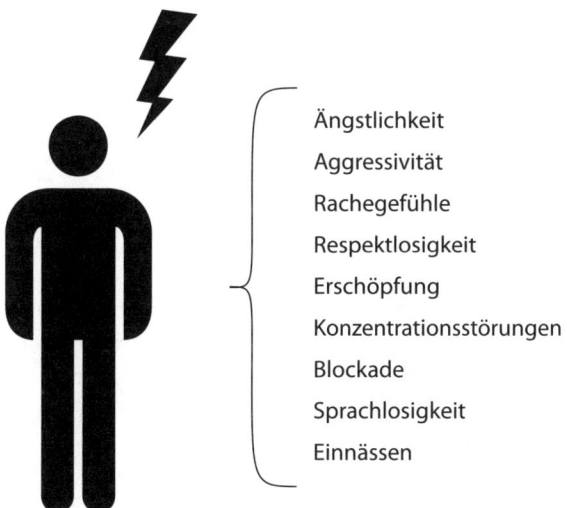

Abbildung 5: Gewalt in der Erziehung und ihre Auswirkungen auf das Kind (aus dem unveröffentlichten Elterntrainingsmanual *Eltern Aktiv Refugio München,* © Krasniqi, 2015)

Zur Verdeutlichung des theoretischen Inputs kann die eskalierende Interaktion anhand des Teufelskreises verdeutlicht werden. Für eine hilfreiche Unterbrechung des Teufelskreises in Anlehnung an Papoušek, Schieche und Wurmser (2004) sowie Graf (2005) ist zu markieren, zu welchem Zeitpunkt er durch eine deeskalierende Strategie unterbrochen werden kann (s. Abbildung 6).

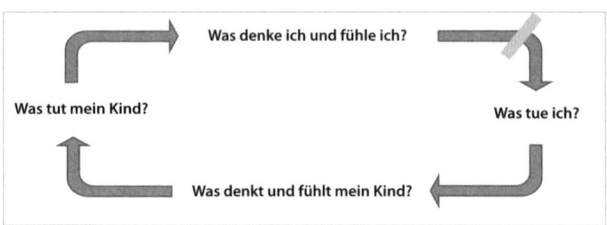

Abbildung 6: Der Teufelskreis der Aggression (aus dem unveröffentlichten Elterntrainingsmanual *Eltern Aktiv Refugio München,* © Krasniqi, 2015)

Der Teufelskreis muss zwischen »Was denke und fühle ich?« und »Was tue ich?« unterbrochen werden, um Konflikte zu lösen. Selbstberuhigung, im Sinne einer guten Affektregulation, kann ein erster Schritt sein, um den Teufelskreis zu stoppen. Weitere mögliche Vorgehensweisen, wie man den Teufelskreis verlässt, im Elterntraining aufzuführen sowie die Eltern anzuregen, hierfür eigene Strategien aufzulisten, kann als ein Beispiel für die Kombination von direktivem und non-direktivem Vorgehen gelten (s. Abbildung 7).

Selbstberuhigung

Wenn wir uns selbst beruhigen,
können wir ohne Ärger oder Wut mit unseren Kindern sprechen

Beispiele	Eigene Ideen
• Hände auf dem Rücken falten und rückwärts zählen, damit man das Kind nicht im Affekt schlägt • 3-mal tief ausatmen • Distanz schaffen: Aus dem Fenster schauen, aus dem Zimmer gehen • Dem Kind sagen: Ich bin jetzt zu wütend, um mit Dir zu reden. Wir reden in einer halben Stunde darüber	• Ein Gebet sprechen • _____ • _____ • _____ • _____ • _____

Abbildung 7: Mögliche Strategien zur Selbstberuhigung (aus dem unveröffentlichten Elterntrainingsmanual *Eltern Aktiv Refugio München*, © Krasniqi u. Framhein, 2015)

Nach dem Motto »Wenn man etwas nimmt, muss man etwas Neues anbieten« folgt auf die vorgestellte Strategie zur Unterbrechung des Teufelskreises eine alternative Strategie zum besseren Umgang mit dem Konflikt. Erst das Vermitteln eines neuen Umgangs mit Konflikten kann das Beenden eines gewaltvollen Konfliktlösens möglich machen. Das Gegenteil eines solchen Vorgehens bestünde in einer einfachen Aufforderung, das eigene Kind nicht mehr zu schlagen, weil es in Deutschland gesetzlich verboten sei, ohne im nächsten Schritt eine Alternative für gewaltfreies Verhalten aufzuzeigen.

Ideen für einen guten Umgang mit akuten Konflikten – Schritte zur Lösung akuter Konflikte:
- Sich selbst als Mutter oder Vater beruhigen
- Eine ruhige Situation herstellen
- Interesse für das Kind zeigen
- Gefühle des Kindes in Worte fassen
- Das Verhalten des Kindes benennen und auf negative Folgen hinweisen

- Anschaulich und positiv formulieren, welches Verhalten vom Kind gewünscht wird
- Konsequenzen ankündigen, wenn sich das problematische Verhalten nicht ändert
- Konsequenz durchführen
- In einer ruhigen Situation dem Kind zuerst zuhören und ihm im weiteren Schritt begründen, warum diese Grenze gesetzt wurde

14 Die beschriebenen Methoden und Vorgehensweisen im Überblick am Beispiel »Spielen«

Mitarbeiterinnen und Mitarbeiter aus den Erziehungseinrichtungen und dem Jugendamt beklagen häufig, dass Flüchtlingseltern keine Freizeitbeschäftigungen mit ihren Kindern planen. In der Beratung wird über die Möglichkeit des gemeinsamen Spielens gesprochen.

Interkulturelles Pendeln: Wie war es in der Herkunftsgesellschaft?

Fragt man die Eltern, wie sie ihre Freizeit in der Heimat verbracht haben, dann war arbeitsfreie Zeit eine Zeit, die man mit der Großfamilie verbrachte. Jugendliche und Erwachsene, in der Regel Männer, beschäftigten sich mit Brettspielen und Kartenspielen. Kinder spielten untereinander, ohne dass ein großes Spieleangebot wie in Deutschland zur Verfügung stand.

Interkulturelles Pendeln: Wie wird hier die arbeitsfreie Zeit mit Kindern in Deutschland verbracht? Nach der Migration leben die Flüchtlingsfamilien in einer fremden, je nach Unterbringung für Kinder nicht ungefährlichen Umgebung und ohne das Umfeld der Großfamilie. Orientiert an der vergleichenden Tabelle 3 wird deutlich, dass Kinder in der Heimat viele andere Kinder, wie Cousinen, Cousins und Nachbarskinder, zum Spielen hatten. Die Eltern kennen in der Regel das gemeinsame Spiel mit den Kindern daher nicht.

Freizeitbeschäftigung ist ein westlicher Begriff, oft auch nicht übersetzbar in andere Sprachen, sodass ein Kennenlernen der kostenlosen Freizeitangebote für die Flüchtlingsfamilien notwendig und hilfreich ist, um diese nutzen zu können. Spiele für Vorschul- und Grundschulkinder sind meist unbekannt unter Flüchtlingskindern, sodass auch hierfür Informationen benötigt werden. Oft hören Elterntrainerinnen und -trainer von Flüchtlingseltern, dass Kinder lieber lesen und schreiben lernen sollen, als die Zeit mit Spielen zu verbringen. Die pädagogische Bedeutung des Spiels für Vorschul- und Grundschulkindern ist ihnen nicht bekannt.

In der Beratung an bestehende und vertraute Vorstellungen und Wünsche anknüpfen: Wenn Eltern sich wünschen, ihre Kinder sollten etwas lernen, kann man anhand des Plakats mit dem Stern (s. Abbildung 8) veranschaulichen, welche Fähigkeiten mithilfe des Spiels erlernt werden können. Dafür ist es sinnvoll, die Fähigkeiten herauszuheben, die für die Schule wichtig sind. Am Beispiel von »Mensch ärger dich nicht« lassen sich verschiedene Lernmöglichkeiten aufzählen, wie Regeln einhalten, verlieren können, rechnen (Subtraktion und Addition mit beiden Würfeln), planen und strategisch vorgehen. Schöpferisch oder fantasievoll zu sein, ist eine Kompetenz, die möglicherweise für neu angekommene Flüchtlingseltern keine besondere Priorität hat, da sie aus einem Lebenskontext flüchten mussten, in dem praktisches Überleben existenzielle Bedeutung hatte und die Möglichkeit einer Schulausbildung für ihre Kinder mit Chancen auf einen guten Beruf häufig der wichtigste Grund für eine Flucht war. Elterntrainerinnen und -trainer weisen deswegen darauf hin, dass die Fähigkeit, zu experimentieren und verschiedene Lösungsansätze auszuprobieren, eine wichtige Kompetenz für den in der Schule geforderten interaktiven Lernstil ist.

Den Eltern in der Beratung Kenntnisse vermitteln: Es ist sinnvoll, den Eltern die Spiele mit den Regeln zu erklären, da sie die Anleitung aus sprachlichen Gründen noch nicht verstehen können, und die Spiele einmal gemeinsam zu spielen. Flüchtlingseltern werden darauf hingewiesen, dass sie kostenlos Spiele in den städtischen Bibliotheken ausleihen können oder zu erschwinglichen Preisen auf Flohmärkten erhalten.

Bei der Beratung die Elternzentriertheit bedenken: Eltern sehen ihre Kinder als »Lehrlinge«, denen sie etwas beibringen müssen. Oft kann man beobachten, dass geflüchtete Eltern während eines gemeinsamen Spiels ihren Kindern diktieren, wie das Spiel zu gehen hat, und Fehler streng kritisieren. Pädagoginnen und Pädagogen erwarten dagegen eher im Sinne der Kindzentriertheit, dass Eltern mit ihren Kindern gemeinsam erarbeiten, wie man vorgehen kann und Fehler als Lernerfahrung zulassen.

Im Elterntraining den Kontext für diesen anderen neuen Ansatz erklären: Notwendig für das weitere Vorgehen ist eine gegenseitige Begründung für die jeweilige Herangehensweise. Elterntrainerinnen und -trainer erklären den Eltern, dass Kinder über das Spiel das Explorieren lernen, eine Fähigkeit, die später auch im Schulalltag gefragt ist.

Abbildung 8: Fähigkeiten und Erfahrungen, die Kinder im Spiel lernen bzw. machen können (angelehnt an Plenge, 2018)

Als Beratende Modell sein: Das kindzentrierte Vorgehen ist völlig ungewohnt für viele Flüchtlingseltern. Aus diesem Grund kann es hilfreich sein, zu zeigen, wie das Vorgehen und Verhalten aus pädagogischer Sicht gestaltet sein sollte. Die Flüchtlingseltern werden darauf hingewiesen, dass sie während ihrer Beobachtungen überlegen können, was sie davon sinnvoll finden und was nicht.

Die Eltern zum Ausprobieren anregen: Wie erleben Flüchtlingseltern das neue Vorgehen mit ihren Kindern während des Spiels? Wie reagieren die Kinder darauf? Wie erleben sich die Eltern dabei? Was übernehmen sie, und was bleibt ihnen fremd? Was speziell würden sie beim nächsten Spielen zu Hause ausprobieren?

15 Ergänzende Methoden im Elterntraining

Die indirekte Methode kann im Elterntraining ergänzend eingesetzt werden. Beispielsweise eröffnet das Erzählen einer Geschichte von einem imaginären Anderen mit einer vergleichbaren Problemstellung bei der zu beratenden Person Chancen. Menschen können oft besser zuhören, wenn es nicht um ihr eigenes Problem geht, da sie dann beispielsweise nicht unter Rechtfertigungsdruck stehen, und sie erfahren auf diesem Weg, dass sie nicht alleine sind mit ihrem Problem. Diese Methode knüpft an eine Tradition des Erzählens an, die vielen aus ihrer Kultur vertraut ist.

Eine weitere hilfreiche Methode ist das Prinzip der Eskalationsstufen: Speziell bei der Aufgabe, dem Kind sinnvolle Grenzen zu setzen, kann ein veranschaulichtes Stufenmodell hilfreich für Eltern und Kinder sein. Mit der treppenförmigen Darstellung lassen sich Situationen im ersten Schritt einschätzen und dementsprechende Vorgehensweisen beschreiben.

16 Geschichten zur Veranschaulichung

Zum Abschluss des Buches werden drei Fabeln vorgestellt, die zumindest in der arabischen Welt vielen bekannt sind und sich gut mit von Flüchtlingsfamilien beschriebenen Belastungen in Verbindung bringen lassen. Das Erkunden von Fabeln aus anderen Herkunftsländern gemeinsam mit den Flüchtlingen ermöglicht einen anderen, aber ihnen oft vertrauten Zugang, ihre Situation aus einer differenten Perspektive zu verstehen.

16.1 Geschichte zur Veranschaulichung des Dilemmas, es immer allen recht zu machen

Ein Vater zog mit seinem Sohn und einem Esel in der Mittagshitze durch die staubigen Gassen. Der Sohn führte, und der Vater saß auf dem Esel.

»Der arme kleine Junge«, sagte ein vorbeigehender Mann. »Seine kurzen Beine versuchen, mit dem Tempo des Esels Schritt zu halten. Wie kann man nur so faul auf dem Esel sitzen, wenn man sieht, dass das Kind sich müde läuft?«

Der Vater nahm sich dies zu Herzen, stieg hinter der nächsten Ecke ab und ließ den Jungen aufsitzen.

Es dauerte nicht lange, da erhob schon wieder ein Vorübergehender seine Stimme: »So eine Unverschämtheit! Sitzt doch der kleine Bengel wie ein König auf dem Esel, während sein armer, alter Vater nebenherläuft.« Dies tat nun dem Jungen leid und er bat seinen Vater, sich mit ihm auf den Esel zu setzen.

»Ja, gibt es sowas?«, sagte eine alte Frau. »So eine Tierquälerei! Dem armen Esel hängt der Rücken durch, und der junge und der alte Nichtsnutz ruhen sich auf ihm aus. Der arme Esel!«
Vater und Sohn sahen sich an, stiegen beide vom Esel herunter und gingen neben dem Esel her. Dann begegnete ihnen ein Mann, der sich über sie lustig machte: »Wie kann man bloß so dumm sein? Wofür hat man einen Esel, wenn er einen nicht tragen kann?«
Der Vater gab dem Esel zu trinken und legte dann die Hand auf die Schulter seines Sohnes. »Egal, was wir machen«, sagte er, »es gibt immer jemanden, der damit nicht einverstanden ist. Ab jetzt tun wir das, was wir selber für richtig halten!« Der Sohn nickte zustimmend.
(Peseschkian, 2001)

16.2 Geschichte über Assimilation – Die weiße Dohle

Eine Dohle beobachtete, wie auf dem Bauernhof die Tauben gefüttert wurden. Neidisch dachte sie: »Sie leben wie die Könige und stopfen sich den Wanst voll, während unsereiner mühsam nach jedem Bissen suchen muss! Ich möchte lieber eine Taube werden!«

Sie färbte sich die Federn weiß und mischte sich unter den Taubenschwarm, der eifrig die Körner aufpickte. Niemand störte sie, denn die Tauben schöpften keinen Verdacht, dass sie ein fremder Vogel sei.

Einige Tage ließ es sich die Dohle schmecken [...], bis sie so unklug war, den Schnabel zu öffnen. Die Tauben erkannten sofort ihre raue Stimme und riefen empört: »Eine Dohle! Eine verkleidete Dohle!«

Sie stürzten sich erbost auf sie und hätten sie vielleicht gar zu Tode gehackt, wenn sie nicht rechtzeitig geflohen wäre.

Reumütig flog die Dohle zu ihrem alten Schwarm zurück. Doch die anderen Dohlen erkannten sie in ihrem weißen Federkleid nicht wieder und duldeten sie nicht unter sich.

So wurde die Dohle heimatlos. Sie hatte nun zweierlei gewollt, aber weder das eine noch das andere erreicht.
(nach einer Fabel von Aesop)

16.3 Geschichte über Assimilation – Die Dohle und die Taube

Einst beobachtete eine Dohle, wie eine Taube auf einem Baumast entlangstolzierte, und war vom Gang der Taube sehr beeindruckt. Die Dohle beneidete die Taube um ihren aufrechten und stolzen Gang und wünschte sich, wie die Taube stolzieren zu können. Die Dohle übte tagelang und bemühte sich, den Gang der Taube nachzuahmen. Sie tat es mit viel Ausdauer und musste sich irgendwann jedoch eingestehen, dass sie mit ihren Beinen nicht dazu in der Lage war. So entschied sich die Dohle damit aufzuhören, den Gang der Taube zu erlernen, und wollte wieder wie vorher gehen. Zu ihrem Schrecken musste die Dohle erkennen, dass sie ihren ursprünglichen Gang vergessen hatte.
(vermittelt von Samar Assaf, Psychotherapeut bei refugio thüringen e. V. Jena)

17 Fazit

Die Erziehungsvorstellungen von Flüchtlingsfamilien variieren je nach sozialer Herkunft, Bildungsstand, kulturspezifischen Wertvorstellungen und Traditionen sowie lebensbedrohlichen Kontexten, in denen sie überleben mussten. In erziehungsrelevanten Einrichtungen wird ein großes Spektrum an Erziehungsvorstellungen bei Flüchtlingsfamilien beobachtet und beschrieben. Es gibt viele Gemeinsamkeiten mit den hiesigen Erziehungsvorstellungen, aber auch große Unterschiede. Bei der Betrachtung der Erziehungsvorstellungen müssen immer auch flüchtlingsspezifische rechtliche und soziale Faktoren beachtet werden, die geflüchtete Familien, je nach Aufenthaltsstatus, kaum oder nur eingeschränkt am gesellschaftlichen Leben in Deutschland über längere Zeit teilhaben lassen. Oft bleiben diese gesellschaftlichen Hürden und strukturellen Diskriminierungen bei der Beurteilung von geflüchteten Familien unberücksichtigt. Im Alltag, aber auch in den Medien, wird das beobachtete Verhalten von Flüchtlingen dann im Sinne einer Kulturalisierung unreflektiert mit »deren Mentalität« erklärt. Flüchtlingsfamilien hören häufig kritische Äußerungen über ihre Lebensformen und selten positive Rückmeldungen über ihre Kompetenzen und Ressourcen.

Kultursensible Elternberatung bedeutet in diesem Zusammenhang Empowerment zu einer besseren Teilhabe am gesellschaftlichen Leben in Deutschland. Wissensvermittlung darüber, was erziehungsrelevante Einrichtungen von Eltern und Kindern erwarten, kann Flüchtlingsfamilien dazu befähigen, Situationen besser zu verstehen und angemessen darauf zu reagieren. Gleichzeitig kann die Würdigung der Kompetenzen und Ressourcen, die sie mitbringen, dazu verhelfen, ein mehrkulturelles Selbstverständnis zu entwickeln und als eigene besondere Ressource anzuerkennen. Bezogen darauf kann das sogenannte Code-switching als Belastung wie auch als eine spezifische Kompetenz verstanden werden, die für die deutsche Gesellschaft in vielen Situationen, vor allem aber im beruflichen Kontext, gewinnbringend sein kann.

Kultursensible Elternberatung bedeutet neben diesen Aspekten auch, Fördermaßnahmen bei flüchtlingsspezifischen Aufgaben (z. B. Vermittlung von Deutschkursen, Unterstützung bei der Suche nach Kita-Plätzen, Vermittlung an Rechtsberatung) in die Wege zu leiten. Kenntnisse über relevante Einrichtungen sind für Beraterinnen und Berater wichtig, um sich mit diesen vernetzen zu können.

Kultursensible Beratung bedeutet darüber hinaus, Flüchtlingseltern an der inhaltlichen Gestaltung des Beratungskonzepts zu beteiligen, indem sie aufgefordert werden, Themen und Erfahrungen in Deutschland und im Elterntraining einzubringen. Auf diese Weise wurde und wird das Konzept des Elterntrainings *Eltern Aktiv* stetig erweitert und neu gestaltet.

Eine wesentliche Grundvoraussetzung für kultursensible Elternberatung ist die Ressource Zeit. Ähnlich wie bei Migrantinnen und Migranten benötigen sowohl Flüchtlinge als auch Beratende bei kulturell verschiedenen Hintergründen in der Regel mehr Zeit als gewöhnlich (Kahraman u. Abdallah-Steinkopff, 2010), insbesondere bei der Berücksichtigung der schwierigen Lebensbedingungen, die in der Beratung mit entsprechenden Fördermaßnahmen gelöst werden sollen.

Beratende Einrichtungen müssen entsprechende Arbeitsbedingungen schaffen, damit Beraterinnen und Berater effektiv und mit den erforderlichen Zeitkontingenten arbeiten können.

Als hilfreiche Haltung für kultursensible Beratung kann folgendes Bild dienen:

Das Dilemma, sich zwischen zwei Systemen zu befinden und dabei gegensätzlichen Erwartungen ausgesetzt zu sein, wird häufig mit dem »Sitzen zwischen zwei Stühlen« beschrieben. Eine völlig neue Perspektive auf diese Lebenslage könnte sich mit folgendem Zitat eröffnen: »Ich sitze zwischen zwei Stühlen, dafür auf dem Fauteuil« (Urheberschaft unbekannt).

Sowohl für Flüchtlinge – eine sichere Bleibeperspektive vorausgesetzt – als auch für diejenigen, die Flüchtlinge begleiten und unterstützen, könnte das Pendeln zwischen unterschiedlichen Welten auf der Grundlage dieses Zitats ein interessanter, anregender, manchmal sicherlich auch anstrengender Prozess bleiben.

18 Literatur

Abdallah-Steinkopff, B. (2015). Kultursensible Elternberatung bei Flüchtlingsfamilien. Zeitschrift für systemische Therapie und Beratung, 33 (3), 109–117.

Abdallah-Steinkopff, B. (2017). Zusammenarbeit mit Dolmetschern. In A. Liedl, M. Böttche, B. Abdallah-Steinkopff, Ch. Knaevelsrud (Hrsg.), Psychotherapie mit Flüchtlingen – neue Herausforderungen, spezifische Bedürfnisse. Das Praxisbuch für Psychotherapeuten und Ärzte (S. 90–107). Stuttgart: Schattauer.

Adeponie, A. B., Thombs, B. D., Groleau, D., Jarvis, G. E., Kirmayer, L. J. (2012). Using the cultural formulation to resolve uncertainty in diagnoses of psychosis among ethnoculturally diverse patients. Psychiatric Services, 63 (2), 147–153.

Adichie, C. (2009). Chimamanda Ngozi Adichie: The danger of a single story [Video Datei]. Zugriff am 20.01.2018 unter http://www.ted.com/talks/chimamanda_adichie_the_danger_of_a_single_story.html.

Aesop (6. Jh. v. Chr.) Die weiße Dohle. Zugriff am 5.02.18 unter http://gutenberg.spiegel.de/buch/fabeln-9534/6

Als, H. (1984). Manual for naturalistic observation of newborn (preterm and full-term). Boston, MA: Children's Hospital.

Anderson, H., Goolishian, H. (1992). The client is the expert: A not-knowing approach to therapy. In S. McNamee, K. Gergen (Eds.), Social Construction and the Therapeutic Process (pp. 25–39). Newbury Park, CA: Sage.

Antidiskriminierungsstelle des Bundes (2016). Diskriminierungsrisiken für Geflüchtete in Deutschland. Zugriff am 20.01.2018 unter http://www.antidiskriminierungsstelle.de/SharedDocs/Downloads/DE/publikationen/Expertisen/Diskriminierungsrisiken_fuer_Gefluechtete_in_Deutschland.pdf?__blob=publicationFile&v=4.

Bade, K. J. (2012). Migration und Integration in der Einwanderungsgesellschaft. Ausgewählte Thesen zum Vortrag in der FRANKFURTER ALLGEMEINE BUSSINESS SCHOOL GmbH, DZ Bank AG, Berlin 14.6.2012. Zugriff am 31.05.2018 unter http://

kjbade.de/wp-content/uploads/2012/06/20120614_migration-integration-thesen.pdf
Bade, K. J., Oltmer, J. (2004). Normalfall Migration: Deutschland im 20. und frühen 21. Jahrhundert (Bundeszentrale für politische Bildung, Zeitbilder, Bd. 15). Bonn: Bpb.
Bauer, J. (2011). Schmerzgrenze. Vom Ursprung alltäglicher und globaler Gewalt. München: Karl Blessing Verlag.
Berry, J. W. (1990). Psychology of acculturation. Understanding individuals moving between cultures. In R. W. Brislin (Ed.), Applied cross-cultural psychology (pp. 232–253). London: Sage.
Borke, J., Schiller, E.-M., Schöllhorn, A., Kärtner, J. (2015). Kultur – Entwicklung – Beratung. Kultursensitive Therapie und Beratung für Familien mit Säuglingen und Kleinkindern. Göttingen: Vandenhoeck & Ruprecht.
Borke, J., Döge, P., Kärtner, J. (2011). Kulturelle Vielfalt bei Kindern in den ersten drei Lebensjahren – Anforderungen an frühpädagogische Fachkräfte. WiFF Expertise, Band 16. München: Deutsches Jugendinstitut e. V. (DJI).
Bowlby, J. (1973). Attachment and loss. Vol. 2: Separation: anxiety and anger. New York, NY: Basic Books.
Brazelton, T. B. (1984). Neonatal behavioral assessment scale (2nd ed.). Philadelphia: Lipincott.
Bundespsychotherapeutenkammer (2015). Standpunkt – Psychische Erkrankungen bei Flüchtlingen. Zugriff am 14.01.2018 unter http://www.bptk.de/fileadmin/user_upload/Publikationen/BPtK-Standpunkte/Psychische_Erkrankungen_bei_Fluechtlingen/20150916_bptk_standpunkt_psychische_erkrankungen_fluechtlinge.pdf.
Bundeszentrale für gesundheitliche Aufklärung (2009). Das Baby. Informationen für Eltern über das erste Lebensjahr. Zugriff am 19.6.18 unter www.bzga.de/infomaterialien/kinder-und jugendgesundheit/das-baby-ein-leitfaden-fuer-eltern.
Bundeszentrale für politische Bildung (2018). Zahlen zu Asyl in Deutschland. Zugriff am 20.01.2018 unter https://www.bpb.de/politik/innenpolitik/flucht/218788/zahlen-zu-asyl-in-deutschland.
Dilling, H., Mombour, W., Schmidt, M. H. (Hrsg.) (2013). Internationale Klassifikation psychischer Störungen: ICD-10 Kapitel V (F) Klinisch-diagnostische Leitlinien. München: Huber.
DIW (2017). Viele Kinder von Geflüchteten gehen in die Kita oder zur Schule – bei unter Dreijährigen und der Sprachförderung von Schulkindern gibt es aber Nachholbedarf. Zugriff am 11.01.2018

unter https://www.diw.de/de/diw_01.c.100319.de/presse/pressemitteilungen/pressemitteilungen.html?id=diw_01.c.558012.de.

Döpfner, M., Plück, J., Bölte, S., Lenz, K., Melchers, P., Heim, K. (1998). Fragebogen für Jugendliche: Deutsche Bearbeitung des Youth Self-Report (YSR) der Child Behavior Checklist. Köln: KJFD.

Eberhart, H., Knill, P. (2010). Lösungskunst: Lehrbuch der kunst- und ressourcenorientierten Arbeit (2. Aufl.). Göttingen: Vandenhoeck & Ruprecht.

Egle, U. T., Hoffmann, S. O., Joraschky, P. (Hrsg.) (2000). Sexueller Missbrauch, Misshandlung, Vernachlässigung. Erkennung und Therapie psychischer und psychosomatischer Folgen früher Traumatisierungen (2. Aufl.). Stuttgart: Schattauer.

Eltern Aktiv Refugio München (o. J.). Elterntrainingsmanual: REFUGIO Eltern – Aktiv. Muttersprachliche Elternseminare für Flüchtlinge und Migrant_Innen. Von B. Abdallah-Steinkopff, F. Akhtar, M. Budimlic, G. Framhein, S. Krasniqi, R. Laub, F. Lwano. Unveröffentlicht.

Erim, Y., Senf, W. (2002). Psychotherapie mit Migranten. Interkulturelle Aspekte in der Psychotherapie. Psychotherapeut, 47 (6), 336–346.

Essau, C. A., Petermann, F. (Eds.) (1999). Depressive disorders in children and adolescents: Epidemiology, risk factors, and treatment. Northvale: Aronson.

Europäische Akademie für Inklusion (2018). Auf dem Weg zur inklusiven Gesellschaft Menschen mit Migrationshintergrund. Zugriff am 20.01.2018 unter http://inklusion-sh.eu/menschen_migrationshintergrund.0.html.

Flatten, G., Gast, U., Hofmann, A., Knaevelsrud, C., Lampe, A., Liebermann, P., Maercker, A., Reddemann, L., Wöller, W. (2011). Leitlinie Posttraumatische Belastungsstörung. Trauma & Gewalt, 3, 202–210.

Forghani-Arani, N., Geppert, C., Katschnig, T. (2014). Wenn der Pygmalioneffekt nicht greift. Zeitschrift für Bildungsforschung, 1, 21–36.

Gäbel, U., Ruf, M., Schauer, M., Odenwald, M., Neuner, F. (2006). Prävalenz der Posttrau-matischen Belastungsstörung (PTSD) und Möglichkeiten der Ermittlung in der Asylver-fahrenspraxis. Zeitschrift für Klinische Psychologie und Psychotherapie, 35 (1), 12–20.

Gavranidou, M. (2006). Migration als Krise? Psychologische Krisenmodelle des Migrationsprozesses. Suizidprophylaxe, 33 (4),154–158.

Gavranidou, M., Abdallah-Steinkopff, B. (2007). Brauchen Migrantinnen und Migranten eine andere Psychotherapie. Psychotherapeutenjournal, 4, 353–361.

Gavranidou, M., Niemiec, B., Magg, B., Rosner, R. (2008). Traumatische Erfahrungen, aktuelle Lebensbedingungen im Exil und psychische Belastung junger Flüchtlinge. Kindheit und Entwicklung, 17 (4), 224–231.

Geisen, Th. (2010). Der Blick der Forschung auf Jugendliche mit Migrationshintergrund. In Ch. Riegel, Th. Geisen (Hrsg.), Jugend, Zugehörigkeit und Migration. Subjektpositionierung im Kontext von Jugendkultur, Ethnizitäts- und Geschlechterkonstruktionen (2., durchges. Aufl., S. 27–60). Wiesbaden: VS.

Genz, A., Jacobi, F. (2014). Neuer Behandlungsbedarf – Epidemiologie psychischer Erkrankungen. In J. Klein-Heßling, D. Krause (Hrsg.), Psychische Gesundheit in der Arbeitswelt (S. 9–20). Heidelberg: medhochzwei.

Graf, J. (2005). Familienteam – das Miteinander stärken. Das Geheimnis glücklichen Zusammenlebens. Freiburg i. B. u. a.: Herder.

Hall, E. (1980). The silent language. Westport, CT: Greenwood Press.

Hegemann, T. H. (2001). Transkulturelle Kommunikation und Beratung. Die Kompetenz, über kulturelle Grenzen hinweg zu kommunizieren. In Th. Hegemann, R. Salman (Hrsg.), Transkulturelle Psychiatrie. Konzepte für die Arbeit mit Menschen aus anderen Kulturen (S. 116–129). Bonn: Psychiatrie-Verlag.

Joél, T. (2018). Intelligenzdiagnostik mit geflüchteten Kindern und Jugendlichen. Zugriff am 20.6.18 unter ZfH%205_ 2018%20Jo%c5 %bdl_Intelligenzdiagnostik%20mit%20%20 gefl%c3 %bccchteten%20Kindern%20und%20Jugendlichen

Kahraman, B. (2006). Die Therapiebeziehung bei Kulturverschiedenheit. München: Uni. Dissertation.

Kahraman, B., Abdallah-Steinkopff, B. (2010). Same same but different – Kultursensible Verhaltenstherapie mit MigrantInnen. PID – Psychotherapie im Dialog, 11 (4), 306–312.

Kahraman, B., Knoblich, G. (2000). »Stechen statt Sprechen«: Valenz und automatische Aktivierbarkeit von Stereotypen bei Türken. Zeitschrift für Sozialpsychologie, 31 (1), 31–43.

Keilson, H. (1979). Sequentielle Traumatisierung bei Kindern. Deskriptiv-klinische und quantifizierend-statistische follow-up Untersuchung zum Schicksal der jüdischen Kriegswaisen in den Niederlanden. Stuttgart: Enke.

Keller, H. (2003). Socialization for Competence: Cultural Models of Infancy. Human Development, 46 (5), 288–311.

Keller, H. (2007). Cultures of infancy. Mahwah, NJ: Erlbaum.
Keller, H. (2011). Kinderalltag. Kulturen der Kindheit und ihre Bedeutung für Bindung, Bildung und Erziehung. Heidelberg: Springer.
Keller, H., Kärtner, J. (2013). Development – The cultural solution of universal developmental tasks. In M. H. Gelfand, C.-Y. Chiu, Y.-Y. Hong (Eds.), Advances in Culture and Psychology (Vol. 3, pp. 63–116). New York: Oxford University Press.
Keller, H., Kärtner, J. (2013). Die untrennbare Allianz von Entwicklung und Kultur. In L. Ahnert (Hrsg.), Theorien in der Entwicklungspsychologie (S. 502–519). Heidelberg: Springer-Verlag.
Keuchel, S. (2015). Das 1. InterKulturBarometer – Zentrale Ergebnisse zum Thema, Kunst, Kultur und Migration. Zugriff am 04.06.2018 unter https://www.kubi-online.de/artikel/1-interkulturbarometer-zentrale-ergebnisse-zum-thema-kunst-kultur-migration
Lersner, U. v., Rieder, H., Elbert, T. (2008). Psychische Gesundheit und Rückkehrvorstellungen am Beispiel von Flüchtlingen aus dem ehemaligen Jugoslawien. Zeitschrift für Klinische Psychologie und Psychotherapie, 37 (2), 112–121.
Lewek, M., Naber, A. für UNICEF (2017). Kindheit im Wartezustand. Studie zur Situation von Kindern und Jugendlichen in Flüchtlingsunterkünften in Deutschland. Köln: Deutsches Komitee für UNICEF e. V. Zugriff am 31.05.2018 unter https://www.unicef.de/blob/137704/053ab16048c3f443736c4047694cc5d1/studie--kindheit-im-wartezustand-data.pdf
Leyendecker, B. (2014). Erziehungsvorstellungen von jungen Eltern: Wie soll mein Kind einmal werden? https://www.researchgate.net/publication/242611273
Liedl, A., Böttche, M., Abdallah-Steinkopff, B., Knaevelsrud, Ch. (Hrsg.) (2017). Psychotherapie mit Flüchtlingen – neue Herausforderungen, spezifische Bedürfnisse. Das Praxisbuch für Psychotherapeuten und Ärzte. Stuttgart: Schattauer.
Lindert, J., Brähler, E., Wittig, U., Mielck, A., Priebe, S. (2008). Depressivität, Angst und Posttraumatische Belastungsstörung bei Arbeitsmigranten, Asylbewerbern und Flüchtlingen – Systematische Übersichtsarbeit zu Originalstudien. Psychotherapie – Psychosomatik – Medizinische Psychologie, 48, 109–122.
Nsamenang, A. B., Lamb, M. E. (1994). Socialisation of Nso children in the Bamenda grassfields of Northwest Cameroon. In P. M. Greenfield, R. R. Cocking (Eds.), Cross-cultural roots od minority child development (pp. 133–146). Hillsdale, NJ: Erlbaum.

Otto, H. (2011). Bindung – Theorie, Forschung und Reform. In H. Keller (Hrsg.), Handbuch der Kleinkindforschung (4., vollst. überarb. Aufl., S. 390–428). Bern: Huber.

Papoušek, M., Schieche, M., Wurmser, H. (Hrsg.) (2004). Regulationsstörungen der frühen Kindheit. Frühe Risiken und Hilfen im Entwicklungskontext der Eltern-Kind-Beziehungen. Bern u. a.: Huber.

Perkonigg, A., Kessler, R. C., Storz, S., Wittchen, H.-U. (2000). Traumatic events and post-traumatic stress disorder in the community. Prevalence, risk factors and comorbidity. Acta Psychiatrica Scandinavica, 101, 46–59

Peseschkian, N. (2001). Der Kaufmann und der Papagei. Zugriff am 21.6.18 unter https://www.zeitblueten.com/news/esel-vater-sohn/

Plenge, H. (2018). Die Bedeutung des Spiels. Zugriff am 20.6.18 unter http://www.kita-bottrop.de/Inhalte/Das_Leben_in_der_KiTa/Paedagogische_Konzeption/Die_Bedeutung_des_Spiels.php

Pro Asyl (2016). Sagt man jetzt Flüchtling oder Geflüchtete? Zugriff am 21.01.2018 unter https://www.proasyl.de/hintergrund/sagt-man-jetzt-fluechtlinge-oder-gefluechtete/

Rothbaum, F., Weisz, J., Pott, M., Miyake, K., Morelli, G. (2000). Attachment and Culture: Security in the United States and Japan. American Psychologist, 55, 1093–1104.

Ruf, M., Schauer, M., Neuner, F., Catani, C., Schauer, E., Elbert, T. (2010). Narrative exposure therapy for 7- to 16-year olds. A randomized controlled trial with traumatized refugee children. Journal of Traumatic Stress, 23, 437–445.

Sachverständigenrat deutscher Stiftungen für Integration und Migration (2010). Zugriff am 14.01.18 https://www.svr-migration.de/wp-content/uploads/2017/05/SVR_Jahresgutachten_2010.pdf.

Saraswathi, T. S. (Ed.) (1999). Culture, socialization, and human development: Theory, research, and application in the Indian setting. New Delhi: Sage.

Schölmerich, A., Leyendecker, B., Driessen, R. (2010). Intelligenzdiagnostik bei Kindern mit Zuwanderungshintergrund. In F. Petermann, G. Renner (Hrsg.), Fallbuch SON-R 2 ½ – 7 (S. 193–202). Göttingen: Hogrefe.

Schulze, G. (1992). Die Erlebnisgesellschaft: Kultursoziologie der Gegenwart. Frankfurt a. M.: Campus.

Sinus Sociovision (2008). Zentrale Ergebnisse der Sinus-Studie über Migranten-Milieus in Deutschland. Heidelberg. Zugriff am 04.06.2018 unter https://www.sinus-institut.de/veroeffentlichungen/downloads/

Sluzki, C. E. (2010). Psychologische Phasen der Migration und ihre Auswirkungen. In T. H. Hegemann, R. Salman (Hrsg.) (2001). Transkulturelle Psychiatrie: Konzepte für die Arbeit mit Menschen aus anderen Kulturen (S. 101–115). Bonn: Psychiatrie-Verlag.

Spivak, G. C. (1985). The Rani of Sirmur: an Essay in Reading the Archives. History and Theory, 24 (3), 247–272.

Tuulikki Kultalahti, T., Rosner, R. (2008). Risikofaktoren der Posttraumatischen Belastungsstörung nach Trauma-Typ-I bei Kindern und Jugendlichen. Kindheit und Entwicklung – Zeitschrift für klinische Kinderpsychologie, 17 (4), 210–218.

Uslucan, H.-H. (2007). Männlichkeit, Gewalt und Erziehung in Migrationsfamilien. Familienpolitische Informationen, 6, 1–6.

Waldhoff, H.-P. (1995). Fremde und Zivilisierung; wissenssoziologische Studien über das Verarbeiten von Gefühlen der Fremdheit, Probleme der modernen Peripherie-Zentrums-Migration am türkisch-deutschen Beispiel. Frankfurt a. M.: Suhrkamp.